ストーリーで分かる

会計マインド入門

加藤弘之
KATO HIROYUKI

JN050057

幻冬舎
MC

はじめに

ここ数年、ビジネス雑誌で「会計入門」の特集が組まれた号は、飛ぶように売れるという話を聞きます。また、私が講師を務める「決算書の読み方」セミナーでも、近年は受講者が増えており、その受講姿勢も非常に熱心になっていることを肌で感じています。

これは会計知識がビジネスパーソンにとって、英語やＩＴスキルなどと並ぶ〝基礎教養〟だという認識から一歩進んで、〝必要不可欠〟だとの意識が浸透してきたためでしょう。

若手ビジネスパーソンの皆さんのなかには会計知識の必要性を感じない人もいるでしょう。しかし、現在は目の前の業務をこなすことだけが求められていても、いずれは課、部署、さらにはより大きな組織をマネジメントする立場になることでしょう。あるいは、転職や独立など、新しいキャリアにチャレンジしたいときがくるかもしれません。

将来の可能性を切り拓くには自身が成長しなくてはなりません。成長を支える基礎体力づくりとして、ビジネスの教養を広く身につけることも重要です。
そして、その一つとして会計の知識は欠かすことができません。
なぜなら会計とは、ビジネスそのものを数値によって表し、評価するために、世界中で使われている〝共通言語〟だからです。

とはいえ、実際のビジネスの現場を理解したり、ビジネススキルを向上させたりするという目的であるならば、会計のルールや手続きをすべて学び、理解しておく必要はありません。会計的な考え方の基本と、最低限のルールだけを押さえておけば十分です。なぜなら、会計そのものは目的ではなく、主となるのはビジネスの現場を理解し、仕事を向上させていくことだからです。

そのために必要なエッセンスだけを効率よく学べるようにするため、本書はストーリー仕立てとしました。社長が急逝した老舗和菓子屋で、あとを継いだ新社長と、新社長をサポートする若手社員が奮闘して会社をまとめていくという架空の物語です。

物語のなかで生じるさまざまな出来事を会計の考え方でとらえることで仕事を改善する

ことの要点を解説します。

私は大学卒業後、税理士事務所、監査法人を経て、2006年に独立しました。その過程でさまざまな形でクライアント企業に関わらせていただきました。多くの企業からご相談を受けたり、コンサルタントとして解決に当たったりしてきた実際の出来事のなかから、よくある典型的な事例を抽出し、そのエッセンスをまとめたのが本書のストーリーです。ですから、単なる空想話ではなく、リアルな現場の体験を反映しています。

会計という道具で、ビジネスの構造を正しく把握し、客観的なコミュニケーションを図り、ひいては業務や会社の改善を成し遂げようとすること。これは、「会計マインド」あるいは「会計思考」とでも呼ぶべきビジネスの認識方法だともいえます。

本書を最後までお読みいただいたのちに、会計マインドや会計思考の基礎が皆さんのなかに少しでも築かれていたならば、著者としては望外の喜びです。

ストーリーで分かる会計マインド入門　目次

【第4章解説】

「プロローグ」

「え！　社長が……」

電話で訃報を聞いた佐々木さくらは、周囲がぐらぐらと揺れているような感覚に襲われた。動悸が激しくなり喉がひどく渇いた。電話の向こうの母と、そのあと何を話したのかよく覚えていない。

白餅堂の4代目社長・森 和夫は突然の病に倒れ、緊急手術による懸命の治療にもかかわらず、そのまま帰らぬ人となってしまった。くも膜下出血による急逝。まだ63歳という若さだった。

佐々木さくらは森 和夫の妹の子、つまり和夫の姪に当たる。そして、森 和夫が社長を務めていた老舗和菓子屋・白餅堂の経営管理部の社員でもあった。

「社長には、まだ全然恩返しもできていないのに、こんなことになるなんて……。どうしてもっと感謝の言葉を伝えておかなかったのだろう」

小さい頃から知っている伯父さんであり、尊敬する経営者でもある和夫の急逝に、悲しみと後悔の念で胸が押しつぶされそうになるさくらだったが、落ち込んでばかりはいられなかった。

取引先への連絡や社葬の準備、当面の経営の舵取りを担う専務や他の役員たちのサポート、さまざまな社内外の調整など、さくらがやるべき仕事は山ほどあった。そうやって事務的な仕事に忙殺されている間は、しばらく悲しみを忘れることができることが、さくらにはありがたかった。

創業百余年の歴史をもつ老舗和菓子屋・白餅堂

白餅堂は、創業から100年以上を数える老舗の和菓子製造販売会社だ。和夫の曾祖父に当たる森 定吉が1914年に地元X県Y市のY駅前に開いた小さな和菓子店に端を発している。

屋号のとおり、最初は大福などの素朴な餅を売る店として始まった白餅堂だったが、店を開いてから4、5年ほどすると、当時はまだそれほど普及していなかった「どら焼き」の製法を独学で学び、製造に成功。これを販売したところ大ヒットして、そこから業容を拡大させていった。その後、県内に4店舗を構え、大阪に本店をもつデパートに出店したり、関西エリアの駅の売店でも販売したりするようになった。こうしてX県では、白餅堂のどら焼きは「地元の銘菓」として誰もが知るところとなった。

とはいえ、それはあくまで一地域での話だった。その知名度を一気に全国的なものにしたのが、４代目社長の森 和夫だ。

和夫は大学卒業後、まず大手菓子メーカーに就職し、大企業での菓子事業を実地で経験。その後白餅堂に入社し、営業部などを経て43歳で４代目社長に就任した。20年ほど前だ。以後、和夫は白餅堂を全国規模の企業に育て上げ、いずれは株式公開をしてさらに大きな飛躍を遂げたいという夢の実現に向けて、大胆に拡大路線を突き進んだ。

和夫が社長に就任したときに、デパートを含めて5カ所の店舗、従業員30名、売上高5～6億円ほどだった白餅堂は、現在では、全国30カ所の直営店舗、従業員１５０名（正規社員60名、非正規社員90名）、売上高30億円を数えるまでに成長した。老舗とはいえ、一地方の和菓子屋に過ぎない白餅堂を、株式上場まで射程に入る全国区の企業に育て上げた和夫は、まさに中興の祖だった。

和夫の名は業界で知れわたっており、社内でもほとんどの社員は和夫を強く尊敬していた。まさにカリスマ経営者だったのだ。

しかし、強い求心力をもつ経営者であったがゆえに、和夫の急逝が社内に与えた動揺も大きかった。新社長を迎えるまでの当面の間、専務の塚原勝雄が社長代行として采配を振ることが決まっても、社内のどこか沈んだ不安げな空気を払拭することはできなかった。

突然のトップ不在で動揺する社内

白餅堂社内が沈滞した雰囲気になっていることには、もう一つの理由があった。それはここ数年、白餅堂の業績が、売上高、利益ともにほぼ横ばいから微減の状態が続き、頭打ち状態になっていたことだ。

創業社長の定吉が考案したどら焼きは、多少の改良を施しながら、現在まで続く看板商品となっている。

現在の白餅堂のどら焼きは、厳選された北海道産小豆を用いた甘過ぎない餡と、香ばしい風味をもつ生地との組み合わせが絶妙で、1個300~400円と、どら焼きにしては高価格だが、変わらぬ人気を保っている。この高価格帯商品は、直営店舗でしか販売しておらず、それも人気の秘密になっている。

和夫が社長になってからは、それまでの伝統にとらわれない新商品や新ブランドを次々に開発して販路を拡大。昔ながらの定番の「どら焼き」の売上構成比は5割程度になっていた。

だが数年前、新工場で開発した大型の新商品が、消費者の嗜好をとらえられず、売れ行き不振となる大失敗をしていた。その年度は和夫が社長になって初めて、白餅堂の当期利益が赤字に転落した。

そこで、和夫はそれまで進めてきた拡大路線をいったん棚上げし、定番商品の販促に力を入れる方針に変更した。おかげで、この1、2年はなんとか赤字は出さない程度まで回復したものの、今後の成長に向けた明確なビジョンは描かれていなかった。

カリスマ経営者が今後どのように白餅堂を再成長の軌道に乗せていくのか、その経営手腕に社内外の注目と期待が集まっていたタイミングで、和夫は帰らぬ人になってしまったのだ。

和夫の死後、各部門同士の仲が以前より険悪になり、社内で口論が増えていることが、さくらは気になっていた。以前なら、重要な経営議題はもちろんのこと、かなり細かい部分まで、最終的には和夫が方針を決定していた。部門間の意見対立はあっても、最後は和夫が決めてくれるとみんな頼り切っていたし、和夫の決定に異議を唱える者も、ほとんどいなかった。

長期航海をする船の船員が、船長に全幅の信頼をおき、その示した方向に舵を進めるように、社内の全員が和夫の示した方向に進む一体感が、白餅堂にはあったのだ。

ところが、経営が不安定なときに和夫が急逝してしまった。これは、大きな嵐に見舞われて船の動きが安定しないときに船長が急死してしまったようなものである。

優れた船長を失った白餅堂は進む方向が分からなくなり、そのために、社内の各部がバラバラになりかけている。さくらにはそれが心配だった。

(この会社の舵取りは、どうなってしまうのかしら?)

それから数カ月後に、その舵取りのサポートを自分が担うことになるとは、このときのさくらは夢にも思っていなかった。

［第1章］

会計はビジネスの共通言語

――若手社員、「会計」と出会う

森　次郎がジュネーブのアパートメントを引き払って日本に帰国したのは、和夫の葬儀から1カ月半ほどが経ってからだった。

（仕事の引き継ぎに思ったより時間がかかってしまったな。これから、忙しくなるぞ）

空港からタクシーに乗ると、次郎はこれから自分がやるべき仕事に思いを巡らせた。

次郎は、森　和夫の次男である。国連職員としてスイスのジュネーブで働いていた次郎が、その仕事を辞めて日本に帰ってきたのは、和夫のあとを継いで白餅堂の社長となるためだ。

帰国早々、次郎と母の良江は、塚原専務をはじめとした白餅堂の役員たちと顧問弁護士を集め、株主総会および取締役会を開催した。

和夫が所有していた白餅堂の株式は、良江が50％、長男の森　昭一と次男の次郎が25％ずつを相続しており、株主総会や取締役会での意志決定権は森一族にある。ちなみに、長男の昭一はアメリカで家庭をもって暮らしているため、日本に帰ってくる意志はない。

良江が塚原やそのほかの取締役に根回しをして内諾を得ていたため、次郎の社長就任手続きは問題なく進んだ。

「会社法第349条3項に基づき、森　次郎氏を株式会社白餅堂の代表取締役として選任します」

顧問弁護士の森川がそう告げると、次郎は立ち上がり一礼した。

「微力ながら白餅堂発展のために全力を尽くす所存です。是非とも皆さまのご協力をよろしくお願いいいたします」

だが、言葉には出さないものの塚原や他の役員たちが次郎を見る目は「大丈夫だろうか」と語っている。不安と懐疑の色が濃いことを次郎はひしひしと感じていた。

（ま、仕方ないか。よそ者がいきなり社長になるのだからな。いつもと同じか）

次郎は国連職員として、多くの開発途上国に赴いて経済援助や、産業発展支援の仕事をしてきた。どこの国でも、建前はともかく本音では次郎たちをよそ者扱いして疑いの目で見る。ちょうど今日の役員たちのように。しかしほとんどの場合、次郎たちが本当にその国のことを考えて真摯に仕事をしていれば、いずれ理解され、懐に受け入れてくれるようになる。それが経験から得られた次郎の信念であった。

（行動で理解してもらうしかない）

次郎は疑念と不安を表す役員たちの視線をまっすぐ正面から受け止めながら、そう思った。

さくらの同僚、山口

「さくらさん、新社長をどう思う？」

社内の休憩コーナーで、紙コップのコーヒーを飲みながら、山口直也がさくらに尋ねた。

「次郎さんね。私は良いと思うな。アメリカの大学を卒業して国連で働いていた国際派だよ。英語とフランス語がペラペラなんだって」

「それ、和菓子となんの関係もないし」

山口は苦笑いした。

「まあ、さくらさんらしいけどね」

さくらは「でしょ」と言って明るく笑った。

山口は、さくらと同い年で同期入社の若手社員だ。その期の新入社員はさくらと山口だけだったため、二人は入社当時から親しくしていた。

だが、二人の性格は正反対だった。

さくらは、裏表を感じさせない開けっぴろげな性格で、誰とでもすぐに親しく打ち解けられるタイプ。そのため、社内の年配社員にも可愛がられており、総務的に社内調整を担当することもある経営管理部で活躍していた。

一方の山口は、あまり人と交わることを好まず、一人でコツコツと集中するのが好きなタイプ。慎重な性格で細かいところによく気がつき、単純なミスをすることはまずない。経理の仕事にぴったりだな、とさくらは山口を見ていつも思っていた。

そのように性格的には正反対だったが、二人とも甘いものに目がなく、近所の喫茶店や甘味処でスイーツを食べ歩くことが趣味だったことから意気投合し、所属部署は違うが、今でも仲が良い。

「私は正直、経営のこととかよく分からないから。でも、最近ちょっと社内の雰囲気が悪かったでしょ」

「うん。うちの部でも、前よりも他部署からのクレームが増えているよ。別に何かやり方を変えたわけじゃないんだけど。やっぱり、なんとなく不安だから、みんな少しイライラしてるのかな？」

「たぶん。それが心配だったから、みんなでまとまって新社長に協力して、会社が良くなっていくといいんだけど……」

「さくらさんが社長をやればいいのに。社内でもみんなに人気があるんだし、さくらさんの言うことなら、みんな聞くんじゃない？」

「それって、私ならいいように丸め込みやすいから、お給料やボーナスをアップさせられるってことでしょ？」

「当たり！　あはは」

山口はぬるくなったコーヒーを一口で飲むと、紙コップをゴミ箱に捨てた。

そんな会話を、少し離れたところで次郎が聞いていることに、二人はまったく気がつかなかった。

〝よそ者社長〟の限界

社長就任から間もないある日、社長室の応接ソファーで次郎は経理部長の真田と向き合っていた。ローテーブルに、何冊もの書類ファイルと、ノートパソコンが置かれている。

書類ファイルは、過去5年分の白餅堂の決算書や総勘定元帳、最近の試算表などの会計書類だ。パソコンの画面には売上高や粗利益額、営業利益額、繰越利益剰余金、負債額と返済額、キャッシュフロー推移などの主要な業績や財務の数値の推移がグラフで表示されていた。

次郎は、書類とパソコン画面とを交互に見ながら、それらの内容について真田から説明を受けていた。

次郎がおおまかに理解したのは、ここ3年ほど、売上高がほぼ横ばいであり、一方で粗利益、営業利益は減少が続いていること。借入金がかなり多く、その元本返済でキャッシュフローにはあまり余裕がなく、短期融資の借り換えでなんとかしのいでいること、商品在庫が少しずつ増えていること、などだった。

いずれも経営的には問題と呼べる事柄だ。

「どうしてこういう問題がここ2、3年間も続いているのですか」

次郎は真田に尋ねた。

「さあ。それは分かりません」

真田はにべもない。

「私たちの仕事は各部門から上がってきた数字を集計することですから。その数字になった原因は、各部門に聞いてみてください」

「では、試算表についてお聞きします。もう8月下旬なのに6月分までの試算表しかありませんね。これはどうしてですか」

「試算表は会計事務所が作成しています。だいたい月末の25日前後に前月分が送られてくるので、そろそろ7月分がくるはずです」

「それではタイムリーな経営判断はできないでしょう？」

「でも、今までずっとそうやってきましたので」

真田は、涼しい顔で答えた。

「試算表の内容ですが、過去の試算表で売上高や営業利益の目標値と実績値を確認すると、必ずいずれの項目も目標値を大きく下回っていますね。目標値がずっと達成できていないのはどうしてですか。そもそも、目標値はどうやって決めたのですか？」

「目標値は、まず昨年度の売上の実績数値に10～20％程度積み増した数字を設定して、そこから目標利益などを計算しています。売上高10～20%増加というのは、前社長がそれくらいは追求したいということでおっしゃった数字でして、なぜ10～20%なのかといわれると、特に根拠はないのではないかと思います」

真田はそこでいったん言葉を切ってから続けた。

「なぜ達成できないのかということは、先ほどの話と同じで、営業や店舗の現場に聞いていただくしかないと思いますが。ただ、目標値ってそんなに意味があるのでしょうか？」

（意味を考えないのなら、目標値を掲げる必要もないじゃないか）

次郎は思ったが口に出さず、なるべく早く最新の試算表をもらうようにしてくださいとだけ伝えて、真田との面談を終えた。

それから数日かけて行った製造部、第1営業部、第2営業部、購買部、経営管理部の各部長との面談を通じても、次郎に分かったのは各部署の業務の概要、過去の実績値や計画値といった表面的なことだけだった。

（白餅堂の業績が低迷しているということは、必ず各現場のどこかにその要因となる問題や課題があるはずだ）

次郎はそう考えていた。しかし、次郎が最も知りたいその具体的な姿は、真田へのヒアリングからはなかなか見えてこなかった。

そこで次郎は、翌週からは本社の各部門、工場、そして店舗へ足を運び、従業員たちからのヒアリングを始めることにした。

しかし、現場の従業員たちも、次郎に対して胸襟を開かず壁をつくっていることが感じられただけであった。社長と社員の関係だから、あからさまに拒否するようなことはないし、簡単な質問をすれば分かることは答えてくれる。しかし、少し突っ込んだことを聞こうとすると「分かりません」しか出てこない。特に、問題点や課題を尋ねると、とたんに口が重くなる。そういったことが「よそ者」の社長に知られることで、自分たちに不利益が生じると考えているような節もあった。社員たちのよそよそしく素っ気ない態度は、部長たち以上だった。

次郎からさくらへの依頼

社内での聞き取りを進めるなかで、次郎には違和感のある言葉が何度も出てきたことが気になった。

それは、「前社長が決めたことなので」「前社長の指示に従って」「前社長はそんなことを言わなかった」「今まではずっとこうやってきた」といった類いの言葉である。

その言葉は、別に責任を転嫁しようとして言っているわけではないだろう。社員は、本当に前社長を尊敬していたのだ。

だが、前社長が決めたことなのだからその指示に従うのが当たり前で、いちいちその本質的な意味を考える必要などないという、盲目的に服従するような態度には、白餅堂を急成長させた前社長がもっていたカリスマ性の功罪の「罪」の面が表れているのではないかと次郎には感じられた。

前社長への尊敬の念が、次郎を拒む「壁」になっていることも問題だった。いきなり外からやってきて社長になった次郎に対して、社員が心からは信頼できず、何かにつけて前社長を持ち出して比べたり、前社長の権威にすがって批判的に見たりしようとするのは、ある程度は仕方ないことなのかもしれない。

しかし、実際に前社長はもういないのだから、自分たちで新しい白餅堂をつくっていくしかない。なにより、このままでは白餅堂がいずれつぶれてしまうことは明白なのだ。それをなんとしても、社内の全員に理解してもらわなければならない。

(さて、どうしたものか)

しばらく次郎が考え込んでいると、社長室のドアがノックされた。

「社長、お茶をお持ちしました」

コーヒーとケーキがのった盆を持ち、さくらが社長室に入って来た。白餅堂では15時から15分の休憩時間が設けられており、全員が仕事の手を止めて茶を飲んだり菓子を食べたりする、老舗らしいのんびりした習慣が残っていた。

「ありがとう。佐々木さん」

次郎とさくらとは、いとこの関係になる。法事など親戚の集まりで会うときには次郎はさくらのことを「さくらちゃん」と呼ぶが、社内では「佐々木さん」と呼んだ。同族企業だからこそ、公私のけじめはきっちり付けないといけないというのが、次郎の考えだった。

「駅前の喫茶店フォーチュンの期間限定夏みかんタルトです」

「ほう。これは、おいしそうだ」

「さっぱりして、すごくおいしいんです。実は私、さっき自分の分を食べちゃって。あ、でもそれは自分のお金で買いました。経費は使っていません。ほんとです」

「あはは。分かっているよ」

次郎はケーキを一口食べ、これはおいしい、と頷いた。

「ところで佐々木さん、ちょっと聞いてもいいかな。佐々木さんは前社長を尊敬しているよね」

「もちろんです。立派な社長でした。個人的なご恩もありますので、尊敬も感謝もしています」

「うん。でも、その立派な社長は他界してしまった。そうしたら、白餅堂はもうだめになってしまうのかな？」

「そんなことありません！」

さくらは驚くほど大きな声を上げた。

「あ、すみません……。でも、そんなことはないです。私には、営業部の人も、製造の人も、経理部の人も、たくさん仲の良い人がいますが、みんなすごく頑張って働いているし、白餅堂のことを考えています。私は経営の難しいことは分かりませんが、みんなが力を合わせれば、白餅堂は絶対まだまだ成長できるはずです」

「そうだね。私もそう思うよ。でも、今の白餅堂は停滞している。そして、みんなが力を合わせて同じ方向に向けて頑張ろうという雰囲気にもなっていないように思う。それはどう？」

「それは……」

さくらは口ごもった。

「確かに、今は少しそういうところもあると思います。でも……、でも、きっとまた社内がまとまって、再び成長できるはずです」

一生懸命に語るさくらの姿を見て、次郎にある考えが浮かんだ。

「私もそう信じているよ。そのためには、まず今の問題点がどこにあるかを確認して、直すべきところは直していかなければならない」

「はい」

「佐々木さんに、その手伝いをしてもらいたいんだ。今、一時的に調子が悪くなっている白餅堂を、しっかり立て直して、もっとすばらしい会社にするための手伝いを」

さくらは、次郎の言いたいことがよく分からなかったが、しかしはっきりと答えた。

「白餅堂を良くするために私にできることがあるなら、喜んでやります。なんでもおっしゃってください」

（この素直さが、この子の良いところなんだろうな）

次郎には日頃の社内でのさくらの様子や、先日の休憩室の会話などから、裏表がなくフレンドリーな性格のさくらが社内で親しまれていることや、強い愛社精神をもっていることがよく分かった。また、いとこであることから、他の社員よりも難しい役目を頼みやすいということもある。社内のことを聞き取る役割には適任だ。

次郎は思いついたアイデアを実行するべく、話を切り出そうと、さくらにソファーに座るよう促した。


さくらが聞き取りを開始。しかし……

次郎がさくらに話した内容は、自分の代わりに社内の各部署でヒアリングを行い、社内の問題点をピックアップして、まとめてほしいということだった。

「なるほど。現場で問題になっていることを聞いていけばいいのですね。分かりました」

さくらはそう言うと、にわかに立ち上がり、社長室を退出していった。

この時点では、さくらにとってそのことが何を意味するのか、正直あまりよく分かっていなかった。新しく就任した次郎のために、会社のいろいろな部署にヒアリングをして報告すればいいのだろう、と考えていた。そんなことはさくらにとって簡単なことに思えた。

自分のデスクに戻ると、さっそくスケジュールを立て、翌日からヒアリングを開始した。まず「新社長に要望を伝えましょう」というメールを部長以下の全社員に送付した。各現場で問題だと感じていることや、改善したいことなどを集め、まとめて経営管理部から新社長に伝える、ひいては話を聞かせてほしいという趣旨のメールだ。

本社の社員については、さくらが各部署を訪問してヒアリングし、また、遠方にある店舗などの場合はメールや電話で回答をもらうことにした。

こうして、3週間ほどかけて、部長以下のほぼ全社員に聞き取り調査を行った。みんな、日頃から顔なじみのさくらに対しては、不満や問題だと感じていることを本音で話してくれた。

例えば、

・部門の目標数値がどうやって決められているか分からないし、数字だけ与えられても達成方法が分からない。売れ残りのロスが多いときもあれば、売り切れで販売できないときもあり、無駄が多い（店舗）

・営業部が売れ行きの見込みを正確に伝えないから、いつも製品廃棄が出る（製造部）

・製造部が必要量を正確に伝えないために、すぐ倉庫がいっぱいになり、整理が大変（購買部）

・魅力的な新製品がないから、売上を伸ばすことができない。営業担当者ごとの実力に差がある（営業部）

・各部門が数字を上げてくるのが遅く数字の間違いも多いため、なかなか集計ができず、残業が多い（経理部）

といった部署ごとに感じている固有の問題があった。

さらには、部署にかかわらず、

・社長交代で、会社の先行きが不安
・職場での飲み会などのコミュニケーションが減り、雰囲気が悪くなっている
・部署間の仲が悪い
・若い世代の社員は正しい礼儀が身についていない（古参社員）
・古参社員は古いやり方にとらわれていて新しいことを考えない（若手社員）

など、部門間、世代間のコミュニケーションのあり方や、社内の統一感についての不満や心配が数多く出された。

（これを社長にきちんと報告すれば、きっと会社はよくなるわ）

さくらは、次郎に突然命じられたミッションの意味が分かったような気がした。

さまざまな意見や不満をひととおり聞き終えると、さくらはこれをレポートにまとめて、次郎に届けた。

興味深そうにレポートを読んだ次郎は、それをパサリとデスクに置いた。

「いろいろあるね。佐々木さんは、何から手を付ければいいと思う？」

「はい。多くの社員は社内のコミュニケーション不足を挙げていました。古参社員と若手社員が反発していたり、製造部と営業部と経理部などが互いに不満を感じています」

「なるほど。どうすれば社内のコミュニケーション不足が解消されるかな？」

「……例えば、飲み会やレクリエーションの機会を増やすとよいのではないでしょうか。個人的には、近隣の有名スイーツ食べ歩き企画などもよいかと」

さくらは真面目な顔でそう言って、さらに加えた。

「店舗などでは社員教育マニュアルがごく簡単なものしかありません。そのため、店での商品在庫管理や接客向上などが店長任せです。マニュアル類を充実させることも必要だと思います」

「コミュニケーションに店舗マニュアルか。なるほど……」

次郎は、じっと目をつむると、しばらく何かを考えているようだ。さくらは問題解決の良いアイデアを出したつもりだったので、次郎の微妙な反応が気になった。しばらく黙っていた次郎は、ふとデスクの上にあった試算表を手に取ると、さくらに渡した。

「今、白餅堂は経常利益がほとんどゼロに近い。このままでは今期には赤字になるかもしれない。赤字が続けば会社は存続できなくなるかもしれない」

「……⁉」

突然の次郎の話に、さくらは驚きを声に出さないのが精一杯だった。

「佐々木さんが言うように、飲み会やイベントをすれば、確かにコミュニケーションの機会は増えるだろう。しかし、それで売上や利益は上がるだろうか」

さくらは答えに窮したが、次郎はさくらに対する質問というより、自問自答しているように、そのまま話を続けた。

「社員同士の関係が良好なのは、もちろん良いことだろう。でも、会社は友達をつくることが目的ではない。会社でのコミュニケーションというのは、友達同士でのコミュニケーションとは違う。逆にいうと、このレポートにあるコミュニケーション不足とは〝なんのために〝どうやって〟コミュニケーションを取ればいいのか分からないということじゃないかと思うんだ」

社長に面と向かってこんなことを言われたら普通は困るだろうな、と思いつつ、さくらは相手が次郎であったために、素直に次郎の疑問に応じることができた。

「なんのために……、それはもちろん会社の業績を向上して発展させるためですね」

「そうだね。売上や営業利益を向上させるためのコミュニケーションを増やすことが大事だと思うんだよね」

「なるほど。売上や利益を上げるためのコミュニケーションか。うーん、どうすれば……」

さくらはしばらく考えていたが、ふいに「あ、そういえば」と声を上げた。

「社長、ちょっと待っててください」

さくらは社長室を出て自分のデスクに向かい、書類入れから1冊のファイルを取り出して社長室に戻った。ファイルは、会社に送られてきたＤＭや営業ＦＡＸなどをまとめてあるものだった。

「先日送られてきていたのですけど……」

さくらが示したFAX用紙には、商工会議所主催のセミナーの案内について書かれていた。真ん中あたりには、大きな文字で次のように書かれていた。

『〝数字でコミュニケーションを取る会社は強くなる〟

――「会計マインド」を養い、部門間のコミュニケーションギャップをなくすと会社の業績は驚くほど改善する。会計数字でコミュニケーションを取れば会社は変わる』

数字でコミュニケーションを取るというのが具体的に何を指しているのか分からなかったが、さくらは次郎の質問に対する答えのような気がした。

「これって、まさに今の白餅堂が求めていることにぴったりではないでしょうか？」

「ほう。数字によるコミュニケーションね」

次郎はさくらよりも具体的にイメージがついているようだ。次郎が手にしたFAX用紙にはさらにこう書かれていた。

『業績向上のためには、各部門の現場での問題点や課題を把握し、地道な改善を積み重ねることが必要です。しかし、闇雲に改善しても効果はなかなか上がりません。それが事業への「投資と回収」という視点から一元的に、しかも会計的な客観性と合理性に基づいて行われなければ、会社全体が強くなってはいきません。会社の現場を理解して真に改善していくために、本セミナーは経理担当者以外の幹部社員の方が、数字を通して現場の問題を把握しコミュニケーションが図れるようになる会計マインドの基本をお伝えします』

さくらはこのセミナーに次郎の求める答えのヒントがあると直感した。

「あの……、社長、私をこのセミナーに参加させていただけませんか？　社長がおっしゃっていることのヒントがあるのではないでしょうか」

「そうだね、佐々木さん。僕もこの『会計マインド』というのがなんなのか気になるな。それじゃあさっそく一度行ってきてください」

「はい。白餅堂のために必ずヒントをつかんできます！」

さくら、セミナーに参加する

商工会議所の会議室で開催されたセミナーには、30人ほどの参加者が集まっていた。40～50代とおぼしき男性が8割ほどで、20代と思われる女性はさくら一人だった。

（場違いなところに来ちゃったかしら）

ちょっと心配になったが、会社のお金で参加させてもらっているのだから、無駄にしてはならない、少しでも白餅堂に役立つことを持ち帰らなければと思い、さくらは最前列の席に陣取った。

セミナーは予定時刻ぴったりに始まった。

50代くらいで人懐っこそうな、鈴木という男性が講師だった。資料には公認会計士、経営コンサルタントとある。難しい話ばかりで理解できなかったら社長になんて言おうかと、さくらは少し緊張した。

「会計の仕事と聞いて、皆さんはどんなイメージをおもちでしょうか？『細かい数字ばかりチェックして、何が面白いんだ？　そんな仕事が好きなのはネクラなやつばっかりだろう』なんて言う人がたまにいるんですよね。でも、そんなことはありません。会計士には、学生のときには運動部だった人も多いんですよ。〝体育カイケイ〟ってね」

さくらは、一瞬きょとんとしたが、ぷっと吹き出した。が、ほとんどの参加者は表情を変えていない。

「あれ、おかしいな。ここは爆笑ポイントのはずなんだけど……。えー、何が言いたいかというと、会計の数字は決して一部の数字マニアだけのものではないということです。会社で働いている人なら、営業部だろうが、販売部だろうが、誰にでも関係するし、知っているといろいろと役に立ちます。高校野球部の女子マネージャーにドラッカーの本が役に立つのと同じです。あれよりも役に立ちます。ところで『会計マインド』って、どういうことだと思いますか？　ちょっと聞いてみましょうか。そこの女性の方、どうですか」

鈴木は、さくらを指した。いきなり話を振られたさくらは驚いた。鈴木のギャグに受けたせいかもしれないと後悔したが、あとの祭りだ。

「会計マインドですか。えーっと、決算書が読めることでしょうか」

「うんうん。良いですね。決算書が読めることは、会計マインドともちろん関係ありますす」

鈴木はうれしそうに頷いた。

「でもそれだけじゃないんです。会計マインドって、もっと広いものなんですよ。まー、インドくらい広いですかね」

さくらは不覚にもまた吹き出してしまった。

「ビジネスで数字というと会計の数字が浮かぶ人も多いと思いますが、数字は私たちの身の回りに溢れています。

例えば、私、甘いものに目がなくてよくおやつを食べるんです。するとどうしても太ってしまって。ご覧のようにメタボ体型です。それで、ダイエットをよくするんですよ。ダイエットにもいろいろな方法がありますが、やはり食事の管理が基本です。でも、なんとなくおやつを食べる量を減らそうとか、野菜をたくさん食べようとか、そういうことじゃ、まず長続きしないので成功しません。いろんな人が言っていますが、ダイエット成功のためには記録が重要です。

まず毎日何をどれだけ食べたのかを記録する、できれば推定カロリーも記録する。それから体重の変化を記録する。１００g単位で測れる体重計で、毎日朝晩、体重変化を記録するんです。そうすると、何をどれだけ食べると、体重がどう変化するのか、面白いように分かります。変化が分かると、今度はもっと食事を工夫しようとか、運動はどうしようとか、いろいろと改善しようと考えます。実は、こんなダイエットの考え方も、『会計マインド』の一種だといえるんです」

鈴木はそこまで話すといったん、周りを見渡すようにした。

（確かに、ダイエットも数字で管理するという点では、会計と同じかも。でもダイエットはカロリーや体重だけど、会計はお金よね）

さくらも鈴木の説明には納得しつつ、会計とダイエットの違いについて考えた。

「もちろん、ダイエットと会計では同じ数字でも扱うものが違いますね。でも、数字を記録して、数字で客観的に〝見える化〟をしながら、さまざまな改善を図っていくことは同じです。1カ月後の売上を100万円にするために300個のケーキを売るのはビジネス。1カ月後の体重を1kg減らすために、毎日の食事は1800kcal以下をキープするのがダイエット。どうです？　これが数字によるコミュニケーション、つまり広い意味での『会計マインド』です」

さくらは、鈴木のおなかのあたりを見ながら（理屈はごもっともだけど、会計マインドの効果が出ていないんじゃないかしら……？）と思った。

すると、その視線に気づいたのか、鈴木はさくらの心を見透かしたように、

「会計マインドでダイエットをしたおかげで、15kgも痩せてこの体型になりました。以前は体重90kgだったんです」

と言い、にやりと笑った。

さくらは鈴木の勘の良さにぎょっとしながら、「会計マインド」については講義でその意味が分かった。

(「会計マインド」、つまり数字を使ってコミュニケーションを図ることね)

プロ野球を会計マインドで見ると

「どうですか、皆さん。このように『会計マインド』は実はビジネスだけでなく、いろいろな場面で活用することができます。

さっきの体育会系は冗談でしたが、特にプロスポーツ選手の意識が会計マインドの塊だというのは、本当のことです。例えば、あなたは何か好きなスポーツはありますか?」

鈴木は今度はさくらの隣に座っていた40歳くらいの男性を指した。

「プロ野球が好きです。阪神ファンです」

「お、良いですね。私も野球は好きです。プロ野球球団は会計マインドに基づいて計算された合理的なビジネスをしています。野球チームの成績は当然ながら数字ではっきり表されます。成績が上位になり、優勝したりすると観客動員などによる収益も大きく増えるので、この順位を上げることが球団の目標です。

一方で、順位は個々の選手の仕事、つまりプレイの結果を集約したものです。個々の選手の仕事の結果も、投手なら勝率や防御率、打者なら打率などで明確に表されます。つまり選手の貢献度合いが一目瞭然です。そして、選手はその結果に応じて、年俸が変動します。

球団から見れば選手の年俸はコストです。もちろん他のコストもかかります。限られた球団予算を最適に配分して、弱いところを補ったり、強いところを伸ばしたりして、より上位のチーム成績を目指して興行収入を増やすのが球団ビジネスです」

（なんだか身も蓋もない言い方だ）

とさくらは思ったが、どんなビジネスでも会計的に見ればそうなるのかもしれない。

「来季にリーグ優勝を目指すとすれば、どれくらいの勝ち数を上げなければいけない、そのためには、勝率がどれくらいの先発ピッチャーが何人必要、防御率がどれくらいの抑えのピッチャーが何人必要といったことは過去のデータから予測できます。球団の年間予算のなかで、いくらを使って、どれだけ勝率や防御率の期待値を改善するのかを考えるのが球団経営陣の仕事です。

一方、個々の選手たちも、バッターなら打率や本塁打数、ピッチャーなら勝率や防御率、ランナーは盗塁成功率など、仕事のありとあらゆる結果が数字で表されます。ファンからの人気といった要素もファン投票のような形で数値化されます。選手が出した数字がどのようにチームの成績や収益に貢献しているのかは明確です。チームと選手、選手同士の評価も、基本は数字をベースにしています。もちろん、ファインプレーといった数値化できない要素もあります。よくいわれる言葉ですが『記録には残らないが記憶には残るプレイ』もあるのです。それも加点要素にはなるでしょうから、全部が全部数字だけとは言い切れません。しかし、基本は数字です。チームと選手、選手同士、その仕事はすべてが数字を通じたコミュニケーションなのです。

球団との契約更新の際、あるいは球団を移籍する際には、その数字によって、自分はこれだけの数字の選手だから、そちらのチームにはこれだけの貢献ができる、ひいてはこれくらいのコスト、つまり年俸をかけて自分を雇ってほしいと交渉できます。そのためにも、選手は自分の仕事の結果として出てくる数字を改善するために日々自己管理をし、努力をしているのです」

「投資と回収」の意識が会計マインドを磨く

「プロ野球球団が会計マインドの塊である理由は『投資』と『回収』という考え方にあります。球団運営には当然お金が必要です。毎年いくらの資金を投じて（＝投資）、どのくらいの投資対効果を見込む（＝回収）のか。プロ野球の場合は、回収するものはチケット売上などの直接的なお金だけでなく、チームが勝つことでメディアでの取り扱いが増えたりすることも、投資によって見込む回収のうちに入るでしょう。

一方、選手側にとってはどうでしょうか？　選手にとっての『投資』とは、トレーニングやコンディショニング、高品質の食事、その他、選手としてのパフォーマンスを上げるために必要とされる特別な労力や、時間、費用といえます。『回収』は、いろいろ考えられますが、ここでは単純化して選手がもらえる年俸だとしておきましょう。つまり、『労力や、時間、費用といった面で投資をして、その投資の結果を年棒というお金で回収する』ことが選手にとっての『投資』と『回収』なのです。

しかしこれでは、少し分かりづらいかもしれませんね。

経営する側にとっての『投資』と『回収』は、選手に置き換えると『原因』と『結果』だと考えれば分かりやすくなります。

つまり、年俸が高い（＝結果）のは、選手のパフォーマンスを上げるためのさまざまな努力（＝原因）によって生じているわけです。

こういってしまうと当たり前と思うかもしれませんが、大事なのは『投資』と『回収』にしろ『原因』と『結果』にしろ、どういうふうに成績になって表れたのかを把握するため、数字での管理が欠かせないということです。

会計マインドとは、『効率的な投資と回収を行うために、さまざまな物事を数字で管理しようとすること』だともいえるのです。『投資と回収』を意識することで、自然と会計マインドが生まれてくるということです。

最初のダイエットの話も同じです。ダイエットをするためには記録を付けたり、運動をしたりとさまざまな労力が必要です。スポーツジム代やダイエット食品代などの費用もかかるでしょう。それらの投資に対して、どれだけ体重減という形での回収ができるか。そのための数値管理なのです」

鈴木はそこで一度言葉を切って、会場を見回した。

「今日ご参加いただいた方には、セミナーの受講費をご自分で支払った方もいれば、会社に支払ってもらった方もいるでしょう。いずれにしても、一定の費用を支払って、しかも貴重な時間を使って参加なさっている、つまり、お金と時間を投資しているわけです。ですから、是非ともその投資に見合った回収をして帰っていただきたいと思います」

聞きながら、さくらはセミナー会場に来たときを思い出していた。あのとき、会社のお金で参加させてもらっているのだから、無駄にしてはならない、少しでも白餅堂に役立つことを持ち帰らなければと思っていたのは、投資に対する回収を無意識に考えていたのだと、今理解できた。

（会計マインドって、面白い！）

がぜん、鈴木の話を聞く耳にも力が入ってきた。

「だいたいイメージをつかんでいただいたところで、ここからは実際の企業の話になります。企業の事業活動は、最終的にはお金をどう投資してどう回収するのかという『投資と回収』に集約されます。

まとめていえば、まずお金を投資して、投資をしたお金以上の金額を回収して、それを再投資してさらに多くの回収をする。こういうサイクルを続けて、どんどん投資額と回収額を増やしていくのが、成長企業あるいは成長事業です。一方、投資した金額以上の回収ができず、再投資額が減っていき、投資額が減っていくというサイクルを続けるのが衰退企業、衰退事業です。衰退企業はいずれ続けられなくなって、どこかで終わります。これまで100年続いてきた老舗企業でも、成長しなければ来月には終わるかもしれないのです」

さくらは白餅堂のことを言われたようでドキッとした。

「そこで、企業の現状を理解して改善を図るためには、その企業が、これまでどれだけのお金を投資してどれだけ回収しているのか、投資と回収の構造を、最初に把握しなければなりません。そのためにまとめられる書類が、ご存じ『決算書』です」

しかし、鈴木の言葉とは裏腹に、さくらは決算書と言われてもすぐにピンとこなかった。その言葉を少し頭のなかで転がして、ようやく細かい文字と数字が並んだヘンテコな書類をなんとかイメージすることができた。

「決算書は、複数の異なる書式から成り立っていますが、『投資と回収』という視点から会社の情報をまとめた書式が『貸借対照表』、別名『バランスシート』または『B／S』と呼ばれるものです。そこで、決算書について学ぶうえでは、まず貸借対照表を理解することがポイントです」

それから、鈴木は貸借対照表の基本を解説していった。

白餅堂に足りなかったもの

「貸借対照表に表される投資と回収の数字は、社内の各部署で日々行われている一つひとつの仕事がすべて集約された結果をまとめたものです。貸借対照表の数値を改善することは、投資と回収という事業サイクルを改善することであり、そのためには社内の各部署の業務を一つひとつ改善しなければなりません。それらはすべてつながり、相互に影響を与えています。そのつながりを数値によってとらえて、管理して、改善していくこと……」

講師の鈴木はそこでいったん言葉を切ると「これってなんですか?」と、60代を超えたと思われる経営者ふうの男性に聞いた。

(「会計マインド」よ)

さくらは、自分が当てられれば良かったのにとちょっと思いながら、内心でつぶやいた。

もちろん、当てられた男性もそう答えた。

「すばらしい! そうです、会計マインド。

貸借対照表をなぜ作るのかといえば、会社の投資と回収状況を数字で把握するためです。企業経営をするうえでは、会社がいったいいくらの『投資』を何に対して行い、どれだけの『回収』がなされているのかが分からなければ、怖くてお金を投じることはできません。そこで、貸借対照表というものを作って数字で管理しているのです」

(なるほど。ということは会計マインドをもつことで、貸借対照表も読むことができるということね)

鈴木の解説に、さくらは聞き慣れない貸借対照表という言葉になんとなく興味が湧いてきた。鈴木は手元の飲み物で喉を潤すと話を続けた。

「ところで、もし経営者だけでなく社内の全員が『会計マインド』を理解していればどうなるでしょうか？」

（プロ野球選手たちのような、勝利にストイックな会社ができそうね）

さくらは白餅堂の社員たちが全員、プロ野球選手になった姿を想像してみた。白球が白餅になっても意外と違和感はない。

「もし会社の社員全員が会計マインドをもつと『投資に対する回収を増やすためには、この部分の数値をこう改善すればいいよね』と、目的を共有するための基盤ができます。どうです？　これが今日のテーマである『数字によるコミュニケーションが会社を強くする』です。いわば会計マインドは、数字を通じて会話をするためのコミュニケーションツールでもあるのです」

ここまで聞いてさくらは、このセミナーで自分が会社に持ち帰るべきものが分かった気がした。

「なぜ数字によるコミュニケーションが必要なのか？　例えば、製造部の人は『魂のこもった製品を作る』と言ったりしますし、営業部の人は『顧客に密着した営業活動をする』と言ったりします。そういった言い方が間違っているわけではありません。しかしそういった言葉だけでは、異なる部とのコミュニケーションは難しいでしょう。すると、全社が一体となって目標達成に向かうことができません。

ところが、原価率が何ポイントの製品を作る、あるいは、顧客ごとの利益率を何ポイント上げるという言い方なら、互いに客観的に理解して評価できますし、それが投資と回収にどう反映するのかも明確です。

これが全社的にできるようになると、共通の目標が共通の言葉で語られるようになるので、部門を超えて社内の一体感がぐんと高まります。そういう会社は、強い会社になります。つまり、投資に対して回収が常時上回り、成長サイクルを描ける会社になるのです」

鈴木の解説がさくらには大いに腑に落ちた。

（今の白餅堂に足りないのは、投資と回収の意識、それに会計マインドを通じたコミュニケーションだったんだわ）

さくらは、それからも続いた鈴木の話を一言も聞き漏らすまいと、熱心にノートを取り続けた。ただし、おやじギャグは除いて。

【第1章解説】

ストーリーのなかで鈴木講師が語っていたように、本書でいう「会計マインド」とは、単に決算書が読めるようになるということとは、少し違います。

会計マインドとは、「投資と回収」という視点から経営や事業をとらえて、その実態の具体的な把握や管理を数字で行い、あるいは改善のための共通言語として数字を使うという考え方です。

もちろん、そのためには決算書の意味を理解して概要を把握できるようになることも必要です。

「会計マインド」と決算書

「決算書が読める」とは、どういうことでしょうか？

一つは、過去に会社が行ってきた投資と回収の状態が分かることです。これは貸借対照表（B／S）に表されます。また、回収プロセスでの売上や利益など、事業活動の業績が分かることで、これは損益計算書（P／L）に表れます。「決算書が読める」とは、直接的にはこれらの書類の意味が分かるということを指しますが、それだけではありません。

会社では毎日さまざまなことが起きています。例えば白餅堂では、購買部で原材料を仕入れ、製造部で菓子を作り、営業部ではそれを卸売業者に販売し、店舗では消費者に販売しています。そういった各現場で起きている事象の結果で会計数値に変化が生じます。原材料を買えば現預金が減りますし、商品を売れば売上高が増えます。

これらの日々の活動を通じて「投資と回収」のサイクルが回っていきます。

このような個々の事象をすべて集計して、会計のルールに則ってまとめた結果が決算書です。つまり「会社内で起きた現場の事象」↓（会計のルール↓）決算書という変換作業が行われているのです。この変換作業を実際に担当して、最終的に決算書をまとめるのが、経理の仕事です。

では、経理担当以外の人はこの変換作業のルールを知る必要がないのかといえば、決してそんなことはありません。

なぜなら、現場の事象を決算書に反映するルールや方法がある程度分かっていれば、逆に、決算書から現場の事象を推測することが可能になるからです。決算書→（会計ルール→）現場の事象、という逆方向での変換も可能になるのです。

この「決算書から現場の事象がイメージできるようになる」ことが、「決算書が読める」ということのもう一つの意味なのです。

そして、そのような意味で決算書が読めるようになれば、今度は現場をどのように改善すれば投資と回収のサイクルを拡大できるのかが、おぼろげながら見えてくるようになります。

すると、営業部であれ製造部であれ、自分の業務が会社全体の投資と回収サイクルのなかでどのような意味をもつのか、その成否が会社全体の業績や財務にどう影響を与えるのかが、数字と結び付いた形で客観的に理解できます。そこから投資と回収を拡大させていくという目的意識に沿って、業務効率を改善していくモチベーションの向上にもつながる

［図表1］「決算書が読める」とは？

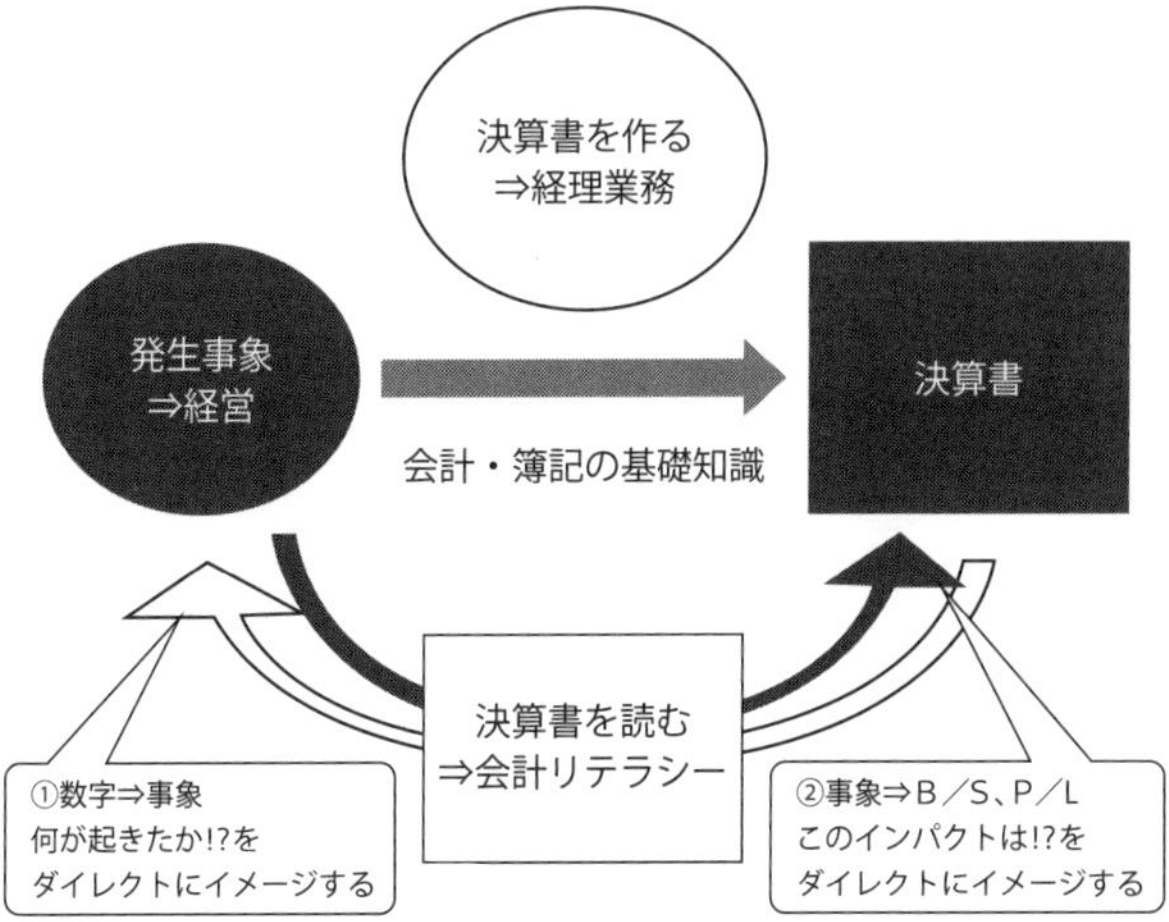

☆推測力・想像力＋少しの会計・簿記知識

《ポイント》
1　要約して大きく・ザクっとつかむ（視覚化）する
2　分解する
3　比較する

はずです。これこそが本書の目指す「会計マインド」です。

「会計」とは?

そもそも「会計」とは、会社が稼いだ売上や支払った費用、残った利益などのお金の動き、また、事業資金をどうやって調達して何に使ったのか、さらにその結果として会社に資産や借金がどれくらい残っているのかなどを、一定の期間を区切り、一定のルールに従って数字として第三者に説明、報告することです。

そして、その数字を一定のフォーマットに従ってまとめた書類が「決算書」です。

会社が行う事業活動は多種多様で、日本標準産業分類では、実に1455もの産業の種類に分けられています。それらの異なる事業活動を行っている会社の活動内容を、唯一網羅的に記載できるのが会計というシステムなのです。

ところで、会社に資金を投資する人が社長とは限りません。というより、会社を経営する社長と、資金を出資する株主が別であっても良いというのが、株式会社の基本的な仕組みです。しかし、その会社がどんな会社なのか分からなければ誰も出資してくれません。

これは出資ではなくて融資をしてもらう場合も同様です。

会計というシステムがあり、決算書というフォーマットの定められた書類があることで、その会社に出資や融資をしようと思う人が、会社の状態を客観的に知ることができるのです。そのため、会社法では、すべての株式会社に決算書（貸借対照表）の公告が義務付けられています。

会計は事業を一定期間で区切って行われる

会計では、事業を一定の期間（通常は1年）ごとに区切って集計します。この区切りを「事業年度」といい、「期」という単位で表します。事業年度は会社が自由に設定できます。多いのは4月1日に始まり、翌年3月31日に終わる事業年度です。始まりの4月1日を「期首」、終わりの3月31日を「期末」と呼びます。

その期の事業の状況やお金の動き、保有している資産や借金などを会計のルールに従って集計することを「決算」といい、集計されたデータを一定の書式でまとめた書類がいわゆる「決算書」です（上場企業などは四半期ごとに区切って決算をすることが義務付けられています）。

決算書はいくつかの書類（書式）から構成されているものなので「財務諸表」とも呼ばれます。

そのなかでも特に重要なのが、

・損益計算書（Profit and Loss statement：P／L）
・貸借対照表（Balance Sheet：B／S）
・キャッシュフロー計算書（Cash Flow statement：C／F）

の3つで、これらを総称して「財務三表」と呼ぶこともあります。

一般的に、単に決算書といったときには「財務三表」を指します。

財務三表はそれぞれ別の役割を担っており、それぞれに重要なのですが、投資と回収の状態が分かるという点では、貸借対照表が財務三表の中心に位置しているといえるでしょう。

決算書の基本ルールを押さえよう

決算書は会計のルールに基づいて作成されますが、会計のルールの最も基本にあるのは、「複式簿記」の考え方です。簿記には非常に多くのルールがありますが、ここでは複式簿記における取引の記録の仕方について、最も基本となる部分だけを説明します。

複式簿記では取引を「資産、負債、純資産、収益、費用」の5つに大分類します。5つの分類は、図表2のように左右の高さがそろった箱のような形で並べられます。

5つの分類のなかには、さらに細かい小分類が設けられています。取引が発生したときには、原因と結果がどの項目なのかを見極めて、5つの分類のいずれかに区分します。このプロセスを「仕訳」といい、経理担当者の仕事になります。

［図表２］複式簿記の考え方

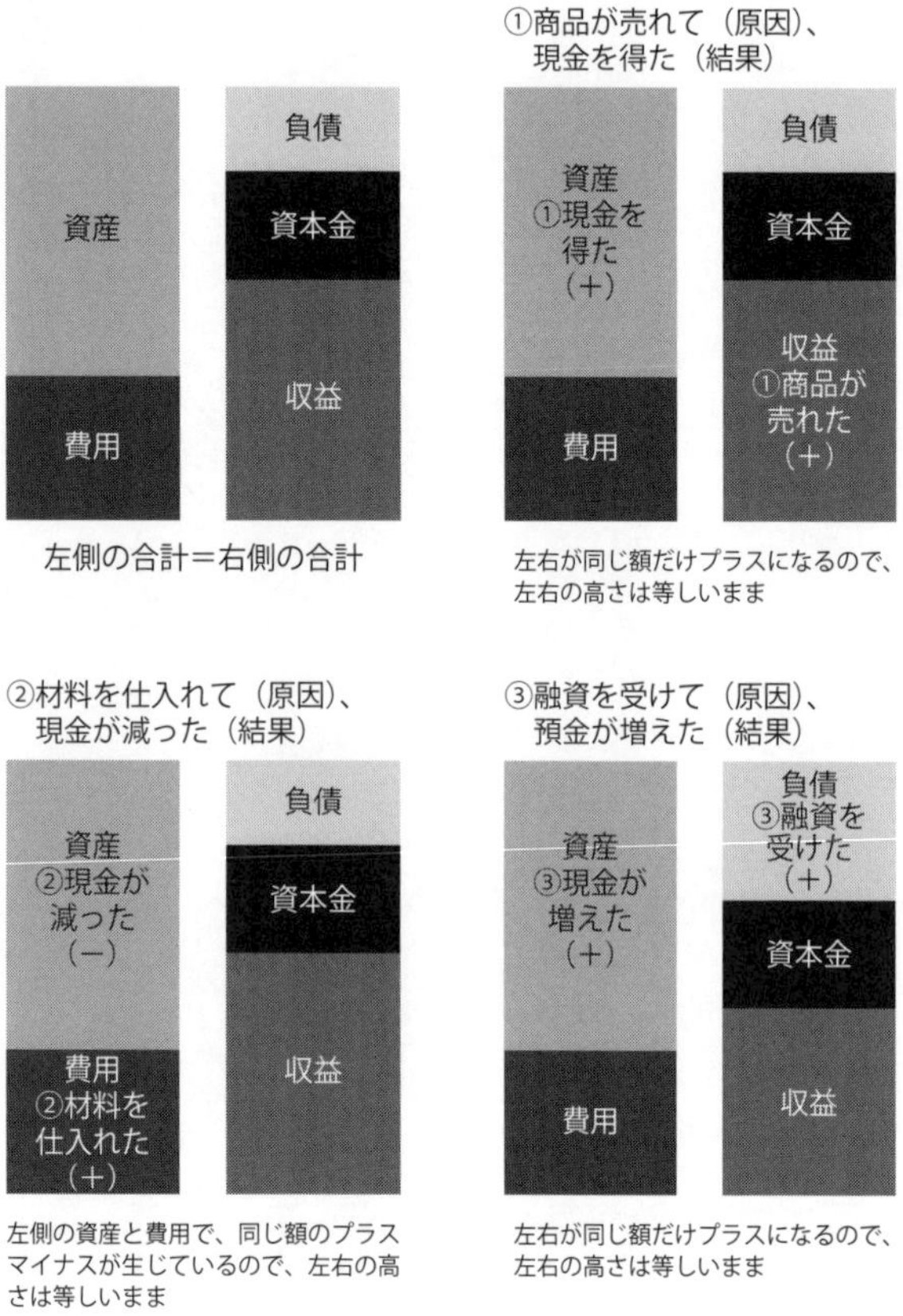

左側の合計＝右側の合計
①商品が売れて（原因）、
現金を得た（結果）

左側の資産と費用で、同じ額のプラス
マイナスが生じているので、左右の高
さは等しいまま
③融資を受けて（原因）、
預金が増えた（結果）

左右が同じ額だけプラスになるので、
左右の高さは等しいまま
②材料を仕入れて（原因）、
現金が減った（結果）

貸借対照表で、資金をどうやって集め、どう投資しているかが分かる

貸借対照表は図表3のような構造になっています。

これを見て、何か思い出さないでしょうか？　そうです、先に掲載した複式簿記の考え方の図の上の部分と、ほぼ同じだということに気づくでしょう。複式簿記の図は上下に分離することができ、上の部分が貸借対照表に該当する項目、下の部分が損益計算書に該当する項目になるのです。つまり、損益計算書と貸借対照表は別々のものではなく、実はつながっているのです。

さて、貸借対照表は右側に「負債の部」と「純資産の部」、左側に「資産の部」で構成されています。右側では、お金をどうやって集めて、どれくらい回収してきたのか（資金の調達源泉）が示されています。また、左側では、そのお金で購入した資産など（資金の運用、投資形態）が示されています。

貸借対照表の資産の部は、会社が実際に保有しているものや権利などの財産で「それによって、将来利益が生まれるもの」が記載されています（どんなものがあるのかはあとで

［図表３］貸借対照表の構造

貸借対照表			
資産の部		**負債の部**	
流動資産		流動負債	
現金	200	買掛金	400
預金	200	受取手形	100
売掛金	300	短期借入金	400
商品	200	固定負債	
有価証券	100	長期借入金	500
		負債の部合計	**1400**
固定資産		**純資産の部**	
有形固定資産		株主資本	
車両	50	資本金	100
機械	50	資本剰余金	
建物	200	資本準備金	100
土地	500	利益剰余金	
投資その他の資産		繰越利益剰余金	400
差入保証金	200	**純資産の部合計**	**600**
資産の部合計	2000	負債・純資産の部合計	2000

資産の部＝負債の部＋純資産の部

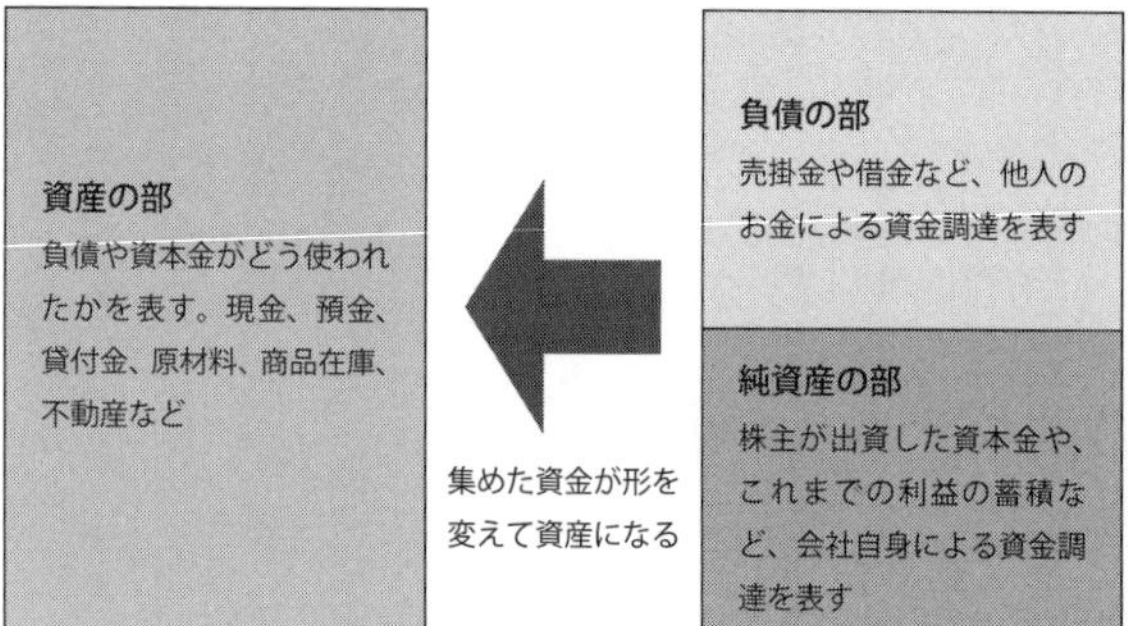
資産の部
負債や資本金がどう使われたかを表す。現金、預金、貸付金、原材料、商品在庫、不動産など
集めた資金が形を変えて資産になる
負債の部
売掛金や借金など、他人のお金による資金調達を表す
純資産の部
株主が出資した資本金や、これまでの利益の蓄積など、会社自身による資金調達を表す

貸借対照表は負債や出資によって集めたお金を、どのような形で使っているのかが分かる

説明します）。これらは実際に経済的な価値をもつものです。

貸借対照表の右側、つまり資金の調達源泉について、負債を「他人資本」、純資産を「自己資本」と呼ぶこともあります。この違いですが、他人資本（負債の部）は、銀行からの借入や買掛金などで、会社は将来それを返済する（支払う）法的な義務があります。

一方、自己資本（純資産の部）は返済義務がありません。株主から資金を受け入れたものが「資本金」（「資本剰余金」）であり、会社が過去から稼いできた利益の累積が「利益剰余金」と表示されています。なお、資本金などの各項目は実際にその金額が存在しているものではありません。例えば資本金1000万円の会社といっても、銀行の預金口座や会社の金庫に、「資本金」という名目でそのお金が存在しているわけではないということです。先に見たように、最初に出資された資本金は、商品などに形を変えて運用されています。今実際に会社にどれだけのお金があるのかは、純資産の部ではなく、資産の部の現金や預金を見ないと分かりません。

［図表4］白餅堂の貸借対照表モデル

貸借対照表			単位：億円
資産の部		**負債の部**	
流動資産		流動負債	
現金・預金	2	手形・買掛金	6
手形・売掛金	3	未払い金	2
在庫	4	預り金	2
		短期借入金	3
固定資産		固定負債	
有形固定資産		長期借入金	7
機械設備	5	**負債の部合計**	20
建物	8	**純資産の部**	
土地	1	株主資本	
投資その他の資産		資本金・資本剰余金	0.5
差入保証金	2	利益剰余金	
		繰越利益剰余金	4.5
		純資産の部合計	5
資産の部合計	25	**負債・純資産の部合計**	25

貸借対照表の、より細かい表示区分のルール

貸借対照表は大きく資産、負債、純資産の各部から構成されていますが、各部は、それぞれもう少し細かい中分類のグループに区分されます。さらに、中分類の下位には、非常に細かく分かれた項目があります。それらの項目は細かいだけではなく、業種や企業ごとに、使用される項目が多少異なります。さらに実際の現金の動きとは関係ない、税法上や会計処理上に必要なため設けられている項目などもあり、すべてを理解するのはかなり骨が折れます。

そこでここでは、白餅堂の貸借対照表を必要な項目だけに集約したモデルの貸借対照表で説

明します。

▼流動性とは現金化のしやすさのこと

まず、資産の部は「流動資産」と「固定資産」に分かれます。また負債の部も「流動負債」と「固定負債」とに分かれます。会計で出てくる「流動」という言葉は、「現金への換金のしやすさ」を表しています。「流動性が高い」といえば、「現金化しやすい」という意味です。当然、いちばん流動性が高いのは現金そのもので、次に普通預金や当座預金が続きます。それ以外では掛取引（あとで説明します）も、1カ月後や2カ月後には、現金を受け取れるか、または支払うという約束なので、流動性が高い資産や負債になります。

この流動、固定の区分は細かいルールもありますが、ここでは1年以内に現金になるものは流動、1年を超えてそのままのものは固定と覚えておけばいいでしょう。これを「ワンイヤールール」といいます。

また、各分類の項目の並び順にもルールがあり、流動性の高いものを上に書くのが原則です。そのため流動資産のいちばん上には現金（またはまとめて現金・預金）が書かれます。

▼資産の部：流動資産

１年以内に現金として受け取れると考えられる資産です。現金・預金をはじめ、売掛金、受取手形、有価証券（売買利益を目的とするもの）、商品在庫（棚卸資産）などがここに入ります。

▼資産の部：固定資産

この項目はさらに、有形固定資産、無形固定資産、投資その他の資産に分かれます。

有形固定資産は、土地や建物、機械設備、車両など、長期間にわたって使用することで、将来にわたって利益を生むために貢献するものです。

無形固定資産は、もの以外のソフトウェアや特許権、借地権、のれん代などです。投資その他の資産は、投資有価証券、子会社株式や差入保証金などです。これらも、長期間にわたって使用され、将来にわたって利益を生むために貢献するという点では有形固定資産と同じです。

▼**負債の部：流動負債**

1年以内に現金として支払わなければならないと考えられる負債です。支払手形、買掛金、短期借入金（1年以内に返済予定）などがあります。

▼**負債の部：固定負債**

長期借入金（1年後よりあとに返済する借入金）や社債です。

▼**純資産の部**

基本は、株主が出資した資本金（資本剰余金）と、過去の利益を蓄積した利益剰余金の合計です。それ以外に、自己株式（自社の株式を買い取って資本金を払い戻したマイナス項目）、その他有価証券評価差額金（時価のある有価証券を持っている場合の評価損益）などが含まれる場合もあります。

［第2章］

財務諸表で会社の実態を知る

――白餅堂を数字で見てみよう

「白餅堂を変えていくためには、会計マインドの浸透が必要ではないかと思います」

さくらはセミナーの受講ノートを片手に、やや興奮気味に次郎に力説した。

「投資と回収や、数字で業務をとらえる意識か……。いわれてみれば、確かにそうかもしれない」

「前回のヒアリングでも、会社の改善のヒントになりそうな意見はありましたが、私自身が会計マインドをもって調査していなかったために、単なる愚痴の寄せ集めみたいなものが多くなってしまいました。でも、最初から会計的な視点をもってヒアリングをしていれば、より業績の向上に具体的に役立つ情報が集められたような気がするんです。というわけで、もう一度、社内調査をさせてください」

次郎は、異存はないので進めてほしいと答えたが、ただし、なるべく早く結果をまとめてほしいとも付け加えた。

「社長、一つお願いがあるのですが、会計的な視点ということについて、私だけでは分からないところが多いんです。そこで、経理部の山口さんに手伝ってもらってもいいでしょうか」

「分かりました。では、佐々木さんと山口君とでチームを組んで動いてください。経理部はじめ各部の部長には、協力するように私から話しておきます」

そう言うと、次郎はデスクの横の受話器を手に取り内線を掛け、さっそく経理部長の了解を取り付けてくれた。さくらは社長室をあとにすると、山口のいる経理部へと向かった。

製造部ではなぜ多めに製品を作っていたのか

「さくらさんとチームで動けるなんて、なんだかうれしいね」

本社から徒歩で5分ほどの場所にある工場に向かう道すがら、山口が言った。

「頼りにしてるわ。しっかり働いてもらうわよ」

「うまく報告書がまとまったら、〝フォーチュン〟でかき氷をおごってもらわないとな。あそこのかき氷は最高だよ」

もう9月も後半だというのに昼間は30度を超える日もあり、確かにかき氷でも食べたい気分だった。

工場に着いた二人は、製造部長の矢部から、毎月の在庫の推移を記した在庫表のコピーを受け取り、工場併設の倉庫で在庫の数をチェックした。

白餅堂の商品は、大きく2種類のブランドラインに分かれている。一つは、定番のどら焼きなど、直営店舗や駅店舗などでしか販売していないブランドだ。これは基本的に昔ながらの製法で作っている。保存料なども使っていないので日持ちせず、どら焼きの賞味期限は製造後3日と短い。価格もどら焼きが一つ300～400円と高めだ。

もう一つは、前社長の和夫が立ち上げた、スーパーマーケットなどへの卸売販売用のブランドだ。こちらは、店舗売り用とは別意匠の低価格のどら焼きの他、羊羹や最中、甘納豆など、原料の小豆を流用できる商品が並ぶ。

缶詰や真空パッケージを用いたり、製法も変えて、商品によっては保存料を用い、日持ちするようにしてある。価格は、ナショナルブランドの競合他社製品などとさほど変わらない。


倉庫に在庫として保管されているのは主に後者の商品などだった。そして、実際の在庫数値と在庫表の数値にはかなりの違いがあり、実際の在庫のほうがかなり多いようである。

「計画表と実際の在庫量がかなり違うようですが？」

「あのラインを見てみろよ」

矢部は工場の製造ラインを指さした。白い作業着に白い帽子をかぶり、マスクをした職人が並んで菓子を作っている。

「あそこでは一つのラインで5種類の菓子を作っているんだよ。作る菓子を切り替えるときはラインを止めて機械を清掃したり、材料を入れ替えたりしなくちゃならない。細かく製品種類を切り替えるのは効率が悪いから、同じ種類の菓子を作るときには、なるべくロットサイズが大きくなるように少し多めに作っているんだよ」

〈まとめて作らないと効率が悪い。在庫が多めになる〉とさくらはメモした。

「万一在庫が不足したりすると、営業部の連中がえらく怒って文句を言ってくるんだよ。連中もお客さんに言い訳しなくちゃいけないだろうから、それも分かるけどな。だから、俺たちもいつも余裕をもって多めに作っているんだ。前は倉庫が狭かったから、保管が大変だったが、新工場と一緒に建てたこの新しい倉庫は、かなり大きいからまだまだ余裕があるだろう？　だから多めに在庫を保管していてもまったく問題ないさ」

職人出身の矢部は、声が大きくぶっきらぼうな口調で話す。

「あのー、ちょっとおうかがいしたいのですが、計画よりも在庫がたくさんあると分かっている品は、多めに作る必要はないですよね。棚卸をしたときにチェックしていないのですか」

山口がおずおずと尋ねた。

「棚卸のときは、もちろん在庫はチェックしているよ。でも、棚卸は年に1回しか実施していないだろ。生産計画は毎月立てるから、どうしても1年間ではズレが出てくるよ。だから、計画表にある在庫数値は、だいたいの目安みたいなもんだな」

〈計画は毎月、棚卸は1年ごと〉とさくらはメモした。

「あっちにあるかなり古そうな箱はなんですか？」

さくらは倉庫の奥で積み重ねられ、ほこりをかぶっている古いダンボール箱を指さした。

「ああ、あれは古くなってしまった材料の小豆とか砂糖だな。小豆は、保管状態が良ければ3年くらいはもつんだけど、やっぱり少し味が落ちるんだ。だから、俺たちはどうしても、新しく入ってきたものを先に使いたくなる。砂糖は古くなっても小豆のように味が落ちることはないけど湿気って固まったりして、ちょっと使いにくくなるんだ。だからこれも、新しく仕入れたものを先に使ってしまう。そうやって購買部から新しい原材料が入るたびに新しいものから使っているから、古いものが残るとずっと使われないままになってしまうんだよ。あのあたりの箱は、もしかしたら3年くらい前のものじゃないかな」

「どうして廃棄しないのですか」

「まだ使えるものなんだから、もったいないだろ。それに、廃棄は製造部が勝手にすることはできないのさ。社長の決裁が必要なんだ。社長は……、いや前社長はそういう無駄が出ることを極端に嫌ったんだ。だから、その決裁をお願いしにくいということもあったね。正直に言えば」

「もしかして、前社長は、利益が減るのが嫌だったのかな?」

山口は独り言のようにつぶやいた。

「利益? 今利益の話なんかしてないでしょ。在庫の話よ」

「うーん。まあその話はまたあとでしよう……」

山口は言葉を濁した。

「いずれにしても、原材料の仕入は俺たちが担当しているわけじゃない、購買部の仕事だから。もちろん、必要量は毎月購買部に送っているが、ぴったりとその量が倉庫に入るわけでもなくて、多めに入っている。それから原材料の棚卸も購買部の担当だから、そっちに聞いてくれるかな」

矢部はそう言って、かぶっていた白い帽子を整えた。

「まとめ買いをすれば安く買える」と主張する購買部長

翌日、さくらと山口は購買部長の冴木を訪問した。冴木は白餅堂で唯一の女性部長であり、数字に強いと評判である。

「佐々木さん、この間もうちの部の子たちに何か聞いていたようだけど、ずいぶんお仕事頑張っているようね」

「はい。たびたびお邪魔して申し訳ありません」

たいていの人とすぐに仲良くなれるさくらだったが、この冴木だけは少し苦手だった。

購買部は原材料の仕入を主に担っている他、菓子を詰めるセロファンや紙箱、出荷用ダンボールなどの包装材、さらには本社で使う事務用品などの購入・管理も担当している。購買部が購入した原材料のうち、食品関係は工場併設の倉庫で管理し、梱包材などは本社2階の倉庫で保管していた。

さくらは、冴木に仕入計画表を見せてもらった。

「小麦粉に小豆、それから砂糖に塩、それにバターやクリームもありますね。100kgとか200kgとか、量の想像が付かないのですが、だいたい何カ月分なのですか」

「ものによって発注サイクルは違っているけど、小麦粉は3カ月分、小豆や砂糖、塩などは半年分くらいをまとめて仕入れるわ。梱包材も半年分くらいね」

「どうしてそんなにたくさん保管しておくのですか。製造部の矢部部長からは必要量のデータを毎月送っているとうかがっています。毎月1カ月分、余裕を見ても2カ月分とか、それくらいを購入していけばいいんじゃないかと思うのですけど」

さくらは素直な疑問を口にした。

冴木はふっと薄く笑ってこう言った。

「それじゃあ高く付くでしょう？　まとめて大量に買ったほうが安く買えるのは常識よ。

しかも小豆や砂糖などは相場商品で価格が変動するものなの。安くなったタイミングで大量に購入したほうが得でしょう?」

「まとめると、どれくらい安くなるのですか」

「それはタイミングによっても違うけれど、だいたい2~3%は差が出るわね。毎年の仕入金額は10億円を超えているんだから、大きな差よ」

〈まとめて買ったほうが安い〉とメモして「なるほど」と納得した顔のさくらの横から、山口が遠慮がちに「そうでしょうか?」と口を挟んだ。

「仮に、購入した原材料を全部使い切って投資した分を回収できるのであれば、確かに冴木部長のおっしゃるとおりです。でも実際は、多めに在庫が積まれていることを倉庫で確認しました。無駄な投資ということにならないでしょうか」

「品切れにならないように商品在庫を多くもっているほうがいいじゃない。それに原材料だって同じよ。うちで仕入れている小豆も、小麦粉も、砂糖も、全部一流品ばかりよ。万一在庫が不足してしまったら、簡単にはよそから仕入れられないの。あなた、そうなったらどう責任を取るの?」

そう言われると、山口もさくらも黙るしかなかった。

「100年の歴史をもつ白餅堂が、最も大切にしなければならないことは、お客さまに常に最高の商品、最高の味の菓子をお届けすることでしょう。そのためには、常に一流の原材料を、余裕をもって保管しておくのは当然のことよ。数字ばかり計算している経理部の人には、分からないかもしれないけど」

「倉庫には、何年も使われていない古くなった材料がありました。そんなものを取っておいて、最高の商品ができるんですか？」

さくらは反撃した。

「それは製造部の責任でしょ。うちのせいじゃないわ」

冴木の剣幕に驚いたさくらは、さらに聞こうと思っていた言葉を飲み込んだ。しばらくの気まずい沈黙のあと、「ところで……」と山口が口を開いた。

「小豆の仕入先、A社さんの先月分請求書がまだ経理部に上がってきていません。先月分の請求書は5日までにこちらに上げてほしいとお願いしていますが、A社さんはよく遅れています。酷いときには前々月分の請求が当月に届くこともありますが、正確な資金繰り計画を作るうえで困りますので、是非とも期日までの提出をお願いします」

「ああ、そのことね。前に経理部長からも言われていたわね。善処します」

冴木は素っ気なくそう言うと、不機嫌そうに黙り込んでしまった。

第1営業部の愚痴

藍色の生地に「生蕎麦」と白く染め抜かれたのれんをくぐり、清水が店に入って来た。さくらと山口を見つけると、軽く右手を上げて近づき「おまたせ」と言ってテーブルに着いた。さくらたちからヒアリングを受けるのに、時間がもったいないから昼食をしながらにしようと提案し、白餅堂の近所の蕎麦屋を指定したのは清水だった。

白餅堂の営業部は第1営業部と第2営業部とに分かれており、第1営業部は、全国チェーンの大手スーパーや、菓子問屋、駅売店などへの卸売を担当している。一方、第2営業部は全国30カ所の直営店舗を管理している。清水は第1営業部の部長だ。


清水は店員に注文を告げると日焼けした浅黒い顔をおしぼりで拭いてから、こう言った。

「佐々木君たちは入社するかしないかの頃だからよく知らないだろうけど、先代社長の開発した『プリンどら焼き』、あれは全然売れなくてなぁ……。あのときは本当に俺たちも苦労したよ」

さくらも話には聞いている。前社長が6年ほど前に開発した「洋風どら焼きパイ」は、それほど悪くない売れ行きだったが、それに続けて4年前に開発した「プリンどら焼き」はまったく売れずに大コケしたらしい。

「知ってのとおり、定番の『どら焼き』の売れ行きは安定しているが、大きく人気が伸びるってこともない。だから売上を大きく伸ばしたいなら、ヒット商品を開発してもらうのが一番なんだよな。それがないのに、経営管理部とか経理部から『前年度20％増の売上目標』って大雑把に言われても、困るんだよ」

清水は特に山口のほうに視線を向けて言った。

「月例会議で、経理部長は『売上が目標に届いてない』って簡単に言うけど、うちの部員だって苦労して売ってるんだぜ。山口君、一度一緒に営業に行ってみなよ。新商品もないのに、ここ2年は定番の『どら焼き』では1~2％くらい売上を伸ばしているんだから、褒めてもらいたいくらいだね」

「すみません」

山口は恐縮した顔で言ってから続けた。

「しかし清水部長、売上は確かに微増してはいるのですが、売掛金の平均的な回収期間が長くなっていることがちょっと心配なんです。ここは是非ともチェックしていただきたいのですが」

「そうか？　特にそれは感じなかったけどなあ。得意先の支払条件を変更したりしていることもないし……。ま、一度確認してみるよ」

そこに、注文した蕎麦が運ばれてきた。しばらく3人とも無言で蕎麦をすすった。清水が再び口を開いた。

「山口君。経理部は、いつも請求書だとかを早く出せって言ってくるだけで、気楽でいいよな。俺たちは外を回って、お客さまと会って商談をしたり接待をしたりして、そのうえ書類までまとめるのは大変なんだよ。あんまりこういうことは言いたくないけど、会社の売上数字をつくっているのは営業だ。営業あっての会社だし、営業あっての経理部だってことを、もうちょっと理解してもらわないと」

「すみません」

心底恐縮している様子の山口の横から、さくらが口を挟んだ。

「清水部長、売上が伸びているのに、回収が遅れているというのは、どうしてなんですか？」

「店舗での販売と違って、その月に販売した売上金額は月末で締めてまとめて請求して、翌月とか、翌々月に振り込んでもらう『掛け売り』をしていることは知ってるね？　請求してから入金があるまでの期間は相手によって違うけど、もともと売上が回収されるまでには時間がかかるんだ」

〈売掛金が回収されるのには時間がかかる〉とさくらはメモして、さらに尋ねた。

「販売と回収に時間差があったとしても、回収が予定どおりに進んでいれば問題ないのですね」

「うん。だけど、取引相手が小さい会社だと相手の経理部のミスで忘れていたりして、約束の期日どおりに振り込んでくれないことはたまにある。それから、振込の代わりに、より期間の長い手形を振り出す場合もあって、これも回収期間の長期化につながることがあるよ。それから……」

清水はいったん言葉を切って、ちょっと言いにくそうに続けた。

「うちの部員が、請求書の発行をうっかり忘れていた、ということもたまにはある。経理の人にはあとで怒られるよな」

清水は山口のほうを見て、にやりと笑った。

「ま、ここだけの話だけど、うちの部員にもミスなくなんでもこなせる優秀なエースがいれば、その反対のやつもいる。反対のやつはどうしてもそういう事務仕事がルーズになることがある。でも本人は頑張ってるんだから、あんまり責めるのもな……」

さくらは、思ったことを口には出さず、黙ってお茶を飲んだ。

数字と現場は結び付くのか?

「投資して回収するのがビジネスでしょ? 回収のための請求をしないんじゃ、なんのために売っているのか分からないじゃない。ねえ、山口君!」

店を出て清水と別れたあと、さくらは怒ったように山口に言った。

「いや、僕に怒られても」

「でもね、清水部長の言い分にも一理あると思うわ。営業の人たちはいつも忙しく外を歩いているから、ついうっかり、ということもあるでしょう。この暑いなか、外回りをするのも大変よ。それに売上をつくっているのは営業だっていうのも確かにそのとおりだし。でも、単に頑張るだけじゃやっぱりだめなのよね。それが数字に反映しないんじゃ」

「それはそうだけど?」

「だから、そういうところをうまく経理部でサポートしてあげたらどうかしら。良いアイデアでしょ!」

「サポートって……。経理部の仕事は、各部から上げられてくる請求書や領収証の数字をまとめて整理することと、決算書を作ることだよ。書類の数字をチェックして内容におかしなところがないか確認して、毎日、毎月集計して、会計事務所に渡す。そして最終的には毎年の決算書を間違いなく作ることが、僕たちのいちばん大切な仕事だから」

山口は、何度も「数字」と言った。

「それはもちろん分かっているわ。だけど……」

さくらは、セミナーで聞いた話を思い出していた。

「投資と回収のために数字で考えたり管理したりすることって、今までの白餅堂の現場にはなかった発想だと思うの。経理部は別として」

さくらはセミナーで聞いた会計マインドの話をかいつまんで話した。

「なるほど。確かに白餅堂では数字を使ったコミュニケーションが不足しているし、そもそも数字の大切さがあまり理解されていない。つまり会計マインドが浸透していないね」

「経理部が扱う書類の数字も、決算書の数字も、現場の仕事と別にあるわけではないわよね。だとしたら、数字のことをよく理解している経理部だからこそ、現場に働きかけて、投資と回収を意識してもらうことで現場の数字を良くしていく、ひいては業績アップのためにできることがあるんじゃないかしら？　経理部が各部の現場のことをもっとよく知って深く関わってサポートすれば、会社全体に会計マインドを浸透させることができるんじゃない？」

「会社を良くするために、現場の仕事と決算書の結び付きを考えるか……。確かに、今回、さくらさんと一緒にヒアリングをして回って、僕自身、すごく勉強になったと思っている。

僕たち経理部では、投資や回収って考え方は自然にしていたけど、現場の人はその意識がとても薄いってこともよく分かった。それに、今まで単なる〝数字〟としてしか見ていなかったことが、実際に各部で働いている人たちの仕事の結果だということが実感できたというか。それに、もうちょっとこういう数字を出してくれればもっと現場の動きがよく分かるのに、というアイデアもいくつか思いついたよ。ただ、それをどうやって実現すればいいか……」

「大丈夫。山口君ならきっとできるよ。フォーチュンのかき氷、2杯ごちそうするから！」

「安上がりだな」

言葉とは裏腹に、山口はまんざらでもなさそうな表情だった。

ブランド優先で赤字になっている銀座店

第2営業部の部長・大野との面談の前日、さくらと山口は打ち合わせをしていた。山口が持参した資料には、全店舗の売上高や費用、利益など損益の概算が月ごとにまとめられていた。簡易的な月次の損益計算書である。

さくらの目を引いたのは、東京の銀座店だ。銀座店は、30店舗のなかで唯一、ここ数カ月の営業利益で、マイナス、つまり赤字が続いていたからだ。

「どうして銀座店は赤字が続いているのかしら？」

さくらは素朴な疑問を口にした。

「売上を見ると、銀座店は全国でも上位なんだよ。ところが、費用がすごくかかっていて、その費用分を回収できていないんだよね」

銀座店は、白餅堂が全国展開を進めるに当たっての旗艦店として、先代が肝煎りで出店した店舗で、銀座の表通りに面したビルの1階にかなり広い面積を持っていた。ゆったりとした店内には、売り場とは別に茶室が設けられ、待合スペースには高価な茶器や書画を展示するなど豪華な造りであった。

そのため、開店に要した費用も高額だったが、さらに毎月の家賃やスタッフの人件費なども、他店平均の2倍を超える金額になっている。一方で、いくら銀座の一等地とはいえ、他店の2倍を超える数量の商品が売れるわけではないため、赤字であった。

それに加えて、昨年のテナント契約更新時に、不動産会社から賃料引き上げが打診された。近年の東京の都心部では、オフィス物件や商業物件の需給は逼迫《ひっぱく》が続いており、銀座店周辺の賃料相場も軒並み大幅に上がっていた。そのため、不動産会社の強気な態度をはね返すことができず、やむを得ず家賃値上げを受け入れたのだ。

「利益を残すための考え方自体は、とても簡単だ。売上から費用を差し引いた残りが利益だから、売上を増やすか、費用を減らせばいい。考え方は簡単だけど、実行は難しい。家賃は一定期間固定だし、給料を下げるなんて簡単にできることじゃない。電気代や広告費みたいな細かい部分でのコスト削減をすることはできるかもしれないけれど、白餅堂の店舗では、そういった費用はもともと小さな割合だから、多少減らしても大きな削減効果は出にくい」

山口は売上と利益の関係をさくらに簡単に説明した。

「じゃあ、どうすればいいの？」

「『投資と回収』という見方をするなら、これから先も回収が見込めない投資なら、失敗だったと評価して〝損切り〟するのが定石だね」

「損切り？」

耳慣れない言葉を聞いてさくらは問い返した。

「損切りというのは、損を切る、つまり、銀座店でいえばこれからも赤字が続きそうなら、店舗を閉じるということかな。ただ、それも簡単なことじゃない。だから、そもそもどういう投資をして、どういう投資をしないのかとか、投資に失敗したときにはどうするのかといったことは、とても重要な経営判断になるんだよ」

全国の30店舗を管理している第2営業部

第2営業部長の大野とは会議室で面談した。大野は普段、全国にある30の店舗を回っていることが多い。先週は東京に出張していたという。

「先日、店舗別の売上データを見せていただいて気づいたんですけど、例えば、東京の銀座店と、金沢店の売上高が5％くらいしか違わなかったんですよ。でも、利益を見ると、金沢店のほうがずっと多いんです」

「銀座はテナント料、つまり家賃が高い。それにスタッフの人件費だって高い。だからどうしても利益率は悪くなるな」

「どうして利益が出にくい銀座に、わざわざ出店しているのでしょうか」

「そりゃ、ステータスがあるからさ。それが会社のブランドを高めることにもつながる。だから銀座店は、先代の肝煎りで実現したんだよ。多少赤字でも、それでステータスが高められるのならば総合的に考えてプラスということだ」

「実際、銀座にお店があることで、どれくらいプラスになっているんでしょう。何か数値データのようなものがあれば教えてください」

今度は山口が尋ねた。

「どれくらいって言われても、それは数字では表せないよ。イメージだから」

「しかし、銀座店は現に赤字です」

「年間で見れば、それはないな」

「ということは、月次では？」

「そういう月もあるね。季節によって売れ行きに波があるからね。店舗ごと、月ごとの売上や利益率の資料は経理部にも提出しているよ」

山口は考え込む様子になった。

「部長、私は先月、5カ所の店舗にうかがって、店長さんたちに話をお聞きしました。そのときには、天候だとか、さまざまな要因で週単位や日単位で売上にかなり差があるけれど、本社からの商品仕入数が決まってるので、売り切れが出てあわてて補充をかけたり、逆に賞味期限が近づいて廃棄になったりすることがあって無駄が多いんじゃないかという話をいただきました」

「確かに、そういうことはある。各店舗への出庫数は、以前は月単位で調整していた。これが最近、月を前半と後半とに分けて、半月単位のデータで調整するようになったばかりだ。いずれは週単位にしたいが、日単位まではなかなか難しい。システム投資をしなければならないし、物流全体を見直さないとならないからね」

〈システム投資、物流全体の見直し〉とさくらはメモした。

「例えば、賞味期限が近づいて廃棄が出そうなときには、値引き販売をして売り切るといった方法も、店長の裁量でできるようにしてほしいという声が上がっているので、それは検討はしているよ」

「良いですね。私も、スーパーで見切り品のお刺身をよく買うんですよ。お客さまに喜ばれそう。ね、山口君」

さくらは屈託のない明るい声を出したが、山口は「うーん……」と言うだけだった。

【第2章解説】

第1章では、会社の「投資と回収」を見るための中心的な資料として、貸借対照表について説明しました。ここでは、2つ目の決算書である「損益計算書」について説明します。

貸借対照表には、ある一時点（決算の期末時点）での「投資」と「回収」状況が記載されています。具体的には、会社が負っている負債や自己資本（純資産）が右側に、そしてそのお金がどのようなものに投じられているのかが、左側の資産に記載されます。

しかし、一方で貸借対照表は会社が過去に投資をして回収をした結果として、〝今（＝決算期末時点）〟は、どんなものが残っているのかという、残っているものの状態しか分かりません。

去年と今年の2期分の貸借対照表を比較すれば、1年間の資産の増減は分かります。しかし、その間の事業活動に関する具体的な金額は分かりません。

例えば、売上金額、あるいは、事務所の家賃や社員の給料などで払ってなくなってしまったお金（これを「費用」といいます）の金額は、貸借対照表には掲載されません。

それを補うのが、損益計算書です。

損益計算書は、1年間の活動内容が記載されている

損益計算書には、その1年間に会社がどれだけを売り上げて、どれだけ費用を使って、利益がどれだけ残ったのか（あるいは損失になったのか）という回収プロセスの状況が記載されます。どんな費用をどれだけ使っているのかも、損益計算書の細目を見れば分かります。

貸借対照表で投資と回収の「結果」が分かりますが、その具体的な「活動内容」は、損益計算書で見ていくことになるのです。

損益計算書では、まず一定期間（年度ごとの決算書なら1年間）の売上が集計されて、いちばん上に書かれます。そして、その売上を上げるためにかかった費用（支出金額）が

その下に書かれます。売上から費用を差し引いて、残った金額が利益です。

売上－費用＝利益

ただし、費用にはさまざまな種類があります。また、収入には、売上以外の収入もあります。それらを、種類ごとに、段階を追って足したり、引いたりしていくのが、損益計算書の特徴です。

損益計算書は上から下に段階を追って見ていく

損益計算書は上から下に、段階ごとに見ていきます。いちばん上には売上高が記載され、そこから下に進むにつれて、その段階ごとの費用、また、売上高以外の収益が記載されています。そして段階ごとに、異なる名前の利益が書かれます。

①**売上高**　会社が期間中に商品やサービスを販売して売り上げた金額の総額です。

②**売上原価**　売上高を上げるために直接的に使った費用です。例えば、白餅堂なら材料費や工場の職人の給料などが売上原価になります。

③**売上総利益（粗利益）**　売上高から売上原価を差し引いた残りが「売上総利益」です。粗利益（粗利）と呼ばれることもあります。

④**販売費及び一般管理費**　略して「販管費」と呼ばれます。例えば、工場以外の部門で働く社員の給料や社長の報酬などの人件費、本社の家賃、広告宣伝費、研究開発費など、売上原価に該当しない費用の多くがここに入ります。

⑤**営業利益**　売上総利益から販管費を引いた残りが営業利益です。いわゆる本業から得た利益です。

⑥**営業外収益・費用**　主にお金の貸し借りがある場合の利息の受け取り・支払、自社ビルにテナントが入っている場合の家賃収入などもここに計上されます。これらは本業に関する収益や費用ではないので「営業外」という項目になっています。

⑦**経常利益**　営業利益に営業外収益・費用を加減したものが「経常利益」です。「経常（けいじょう）」とは、「一定の状態で変わらない」という意味です。つまり、その年度

［図表5］損益計算書の例

損益計算書

売上高	10,000	（＋）
売上原価	8,000	（－）
売上総利益	**2,000**	
販売費及び一般管理費	1,500	（－）
営業利益	**500**	
営業外収益	300	（＋）
営業外費用	200	（－）
経常利益	**600**	
特別利益	100	（＋）
特別損失	200	（－）
税引前当期純利益	**500**	
法人税、住民税及び事業税	250	（－）
法人税等調整額	50	（＋）
当期純利益	**300**	

だけ生じるような特別な出来事は除外した、毎年同じように生じる利益ということです。経常利益は略して「ケイツネ」とも呼ばれることがあります。

⑧**特別利益・損失**　その年度だけに生じた臨時的な原因による巨額の損益は、経常利益の下に「特別利益・損失」として記載されます。例えば、加入する損害保険から得た損失補償額や所有する不動産を売却したといった、ごくまれにしか発生しない損益がここに記載されます。

⑨**税引前当期純利益**　経常利益に特別損益を加減した結果が「税引前当期純利

益」で、この金額に対して法人税、住民税及び事業税（「法人税等」という）が課されます。

⑩**当期純利益**　さらに、法人税等の当期配分額を調整する「法人税等調整額」を加減した最終的な残りが、当期純利益となります。

損益計算書と貸借対照表のつながりで事業の全体構造を把握する

貸借対照表と損益計算書の関連を投資と回収という視点から理解しておくと、会社と事業の全体構造が理解できます。

事業はまず貸借対照表の右側、資金調達（お金を用意すること）から始まります。用意する資金には、大きく分けて2種類あり、一つは会社の株主（株式の100％を所有ならオーナー）が用立てたお金。貸借対照表上では、「資本金」に分類され、これを「自己資本」といい、「純資産の部」に記載されます。そしてもう一つは、銀行から借りたお金などの「他人資本」。こちらは貸借対照表上で「負債の部」に記載されます。

自分で用意するから自己資本、他人に借りるから他人資本です。ちなみにこの2つの大きな違いは、自己資本は返す必要のないお金で、他人資本は返さなければいけないお金だということです。

次にこれらの資金は資産（と費用）へと形を変えます。資産とはこれから利益を生み出すもののこと。貸借対照表上では左側の「資産の部」に記載されます。

商品を売るための原材料の仕入や自社所有の店舗や工場といった不動産などが資産です。用意された資金がどのようなところに投資されているのかが、資産を見ることで分かります。

資産はこれから利益を生み出すものですが、一方で費用は利益を生むためにすでに使ってしまったもののことを指します。こちらは貸借対照表上には表されません。人件費や仕入原価、広告宣伝費などが費用になります。

事業は資産（や費用）を使って売上を上げ、売上と費用の差額の利益を生むことで回っています。利益は唯一、貸借対照表と損益計算書をつなげる項目です。上がった利益は翌年の貸借対照表の純資産の部に計上され、自己資本として再び資産と費用が投資（運用）されます。

このように、調達した資金をさまざまな形に変形させて投資しながら、利益を生み出し

［図表６］貸借対照表と損益計算書の関連

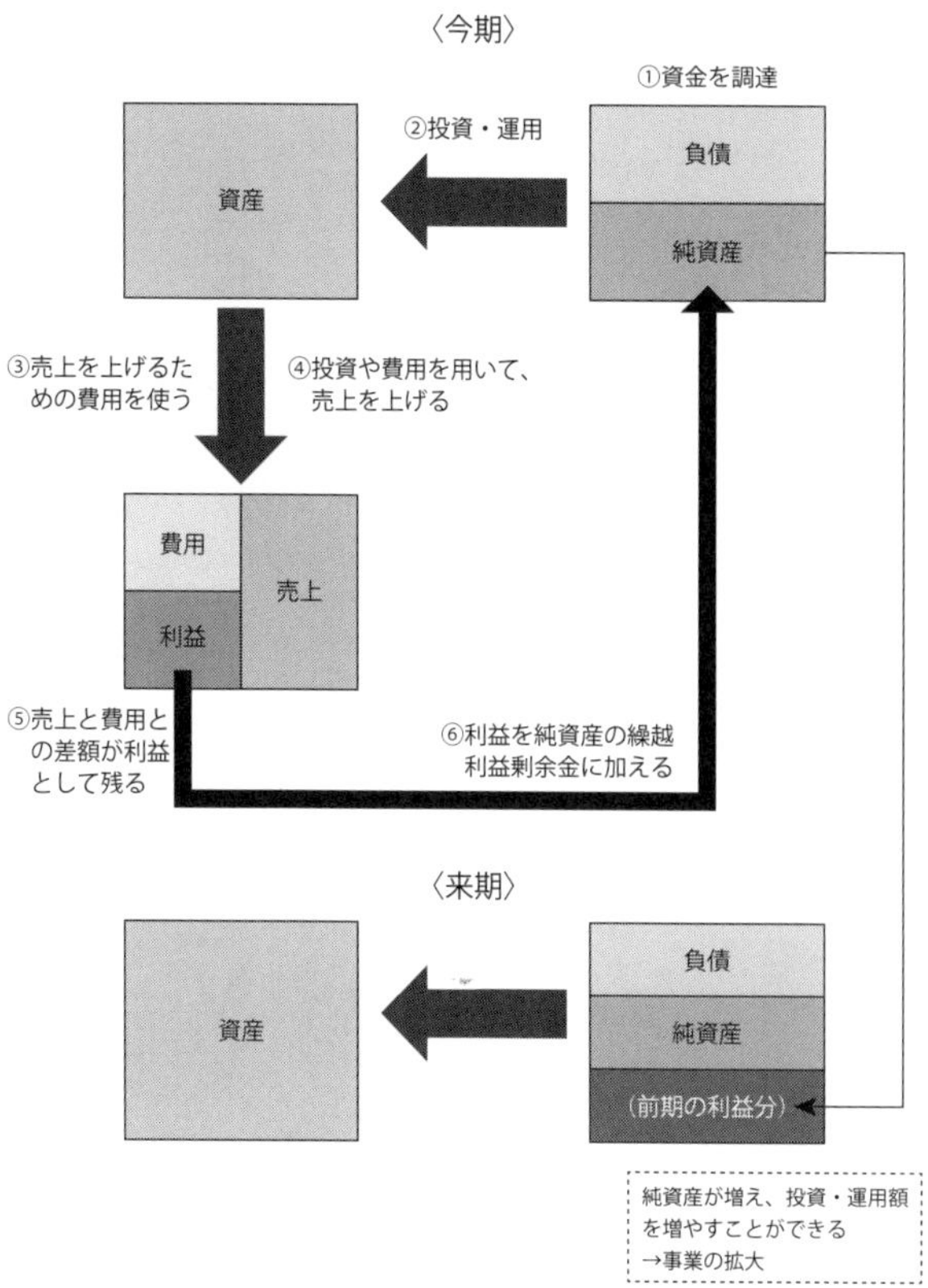

て、投資した資金を増やして回収し、増えた資金を再び投資していくというサイクル（循環）が、事業全体の構造です。

投資→投資金額＋利益の回収→さらなる投資

財務諸表は一般社員でも「投資と回収」に基づく会計マインドを身につければ、経営者に近い目線で、事業そのものや、そのなかでの業務の役割を理解することができます。それによって、ビジネスパーソンとしての能力が向上するとともに、経営陣の考えが分かるようになってきます。

大切なのは変化を見ることと、比較すること

決算書や、その他の会計数値を確認するとき、特に重要なのが「変化」に着目すること、つまり比較を意識することです。ある会社の決算書を1期分だけ見ても、そこから分かることは限られています。しかし前期と今期の2期分を並べてその変化を見れば、非常にた

くさんのことが分かります。

さらに、分解して比較することで得られる情報は多くなります。

例えば、ある期に売上高は減っているのに売上原価は変化していない、つまり売上総利益率が下がっているとします。売上は、販売数量×販売単価ですが、この場合は売上原価が減っていないことから販売数量はおそらく変化しておらず、なんらかの理由（値引き販売など）で販売単価が下がっているのではないかと類推できます。

そのような現場の変化が類推できたとしたら、そこに業務改善のポイントが見つかります。

これは逆にいえば、決算書を良い方向に変化させることを目標にすえて、そのためにはどのように現場を変化させればいいのかを想定できるということでもあります。

例えば、売上高を伸ばしながら現金比率も同時に高めたり、売上総利益率を高めたりするためには、どのように現場を変えていけばいいのかがイメージできるということです。

決算書の変化→現場の変化が類推できるだけでなく、そこからさらに進めて、目指すべき決算書→目指すべき現場の変化もイメージできるようになれば、もう立派に会計マインドが身についてきたといえるでしょう。

会計マインドとは、ビジネスの現場の事象を会計的にとらえ、それがどのように決算書に反映されるのかを理解することであり、さらに、あるべき決算書の数字から逆算して、あるべき現場の業務を想定することまでできるスキルでもあるのです。

［第3章］

財務三表の関係を理解する

——お金が足りない、大ピンチをしのげ！

白餅堂社長室で、社長の次郎とさくらが打ち合わせをしているとき、ドアがノックされ、経理部長の真田が入って来た。

「社長、ちょっと急いでご相談したいことがあるのですが」

いつも沈着冷静な真田らしくない、少しあわてた様子だ。真田はさくらのほうをちらっと見た。

「ああ、佐々木君はいいんです。それでなんですか？」と次郎は言った。

「実は、予定されていたXスーパーからの入金がなくて、今月末のY社へ支払うお金が足りなくなりそうなのです」

真田は資金繰り表など何枚かの資料を次郎のデスクに広げながら言った。

「なんだって！　Xスーパーには連絡しましたよね。なんと言ってるんですか？」

「それが、消費の冷え込みで先月の売上が急減していて支払ができないと。でも、政策金融公庫の緊急融資を受けて、来月には振り込まれるから1カ月待ってほしいということなんです」

「うーん……」

次郎は腕組みして考え込んだ。

「今までは、どんな営業状況だったんですか、Xスーパーは」

「すみませんが、私にはよく分かりません。営業担当者の林は、大丈夫だと言っているのですが」

「真田さんがしっかりそれを把握しておかなくてどうするんですか。とにかく、急いで先方に照会して、先方の話が確かなものなのか、今後は大丈夫そうなのかなど、証拠となる資料をもらってしっかり確認してください。それと……」

次郎は手元の資金繰り表に目を落とした。

「ここところの支払は減らせるから、ぎりぎり大丈夫そうですね……。でも念のため、銀行から少し借りておいたほうがいいでしょう。真田さん、先に銀行に連絡して担当者に事情を話して面会の手はずを整えてください。私が会いに行きます」

真田が部屋を出ていくと、さくらは心配そうに次郎に言った。

「社長、大変なことになりましたね。Xスーパーの売掛金はかなり多かったのですか」

「いや、Xスーパーは九州の小さなチェーンだから、白餅堂全体の売上金額から見れば、たいしたことないよ。たまたま今月、食品卸業者への大きな支払があったから、うちも資金繰りがタイトだったということだ。とはいえ、もし今後も入ってこなければもちろん痛いな。うまく立ち直ってくれるといいんだが。たぶん真田さんがすぐに銀行と会う段取りをつけてくれるだろう。私は出かけなければならないので、話の続きはまた明日にしよう」

次郎はいつになく厳しい顔つきでそう言い、さくらは社長室を辞した。

会社が倒産するのはどんなときか

さくらは、その日の終業後、山口を誘って会社から見て駅の反対側にある甘味処「冬園」に行った。山口はみつまめとコーヒー、さくらはクリームソーダを注文した。

山口はみつまめをスプーンですくいながら、「ここのみつまめは、本当に上品で良い味だな」と言った。

「山口君は、甘いものが好きだから白餅堂に入社したの？」

「それだけではないけど、それも大きな理由だったよ。誰だって好きなものを作っている会社で働きたいよ。さくらさんだって、そうだろう？」

屈託ない表情でそう言われて、さくらはなんと答えればいいのか分からなかった。さくらは、前に勤めていた会社が倒産し、再就職先が見つからないなかで、前社長に助けてもらうような形で白餅堂に入社したのだ。もともとスイーツは好きだったが、入社の際には和菓子が好きとか嫌いとか、そんなことは考える余裕はなかった。

「私が白餅堂に入る前に勤めていた会社は、広告代理店だったの」

「うん、聞いたことあるよ」

「作っていた広告はけっこう評判が良くて、私は営業だったけど、お客さんが喜んでくれるとうれしかったわ」さくらはそう言うと、細長いスプーンでクリームソーダのアイスをすくった。

「でも、倒産しちゃった。会社って、良いものを作っていても倒産するんだな、って思ったわ」

「商品の品質と経営とは別の話だからね。どんなに良い商品を作っていても、お金が足りなくなれば会社は倒産するよ。場合によっては、黒字でも倒産することがあるからね。

〝黒字倒産〟って、聞いたことあるだろう？　逆に、利益は赤字が続いていても、キャッシュさえ続くなら、会社はいつまでも倒産しないよ」

「赤字が続いているのに、キャッシュが続くなんてことがあるの？」

「誰かが資本金を出資してくれたり、お金を貸してくれたりすればいいんだよ。例えば、株主が大金持ちで、追加の資本金をどんどん出資してくれればお金はなくならない。研究開発型のベンチャー企業なんかだと、創業から5年も6年も赤字が続いているけど、親会社だとかベンチャーキャピタルだとかが出資してくれるから、現金が途切れずに続いていられるということは珍しくない。あるいは、うちなんかよりもっと規模の小さいオーナー企業だと、社長の個人資産から会社にお金を貸し付けて、資本金代わりにしているようなケースもよくあるね。もちろん、銀行から融資を受けてもいいけど、銀行は赤字が続いている会社には普通は融資をしてくれない」

利益が出ていてもキャッシュが不足すると会社は続けられない

「キャッシュさえ続けば会社は倒産しないということね。じゃあ、黒字なのにお金が足りなくなることがあるのはどうして？　黒字ということは儲かっているってことでしょ」

「理由はいろいろあるけど、多いのは利益が計上されるタイミングと、利益が現金になるタイミングがズレていることかな。いちばん簡単なのは売掛金だよね。清水部長との話のときにもあっただろう。売上の計上タイミングと、現金が入るタイミングが違う。売上が計上されれば、利益が発生するからね。あと、仕入を買掛金で計上するのは、利益を減らす動きだけど、現金が動くタイミングがズレるという点では売掛金と同じだね。在庫も同じだよ」

「そういえば、購買部の冴木部長のところに行ったときに、山口君は在庫が増えることに異議を唱えていたわね。あのときはよく意味が分からなかったけど、どういうことなの？」

「それは仕入が増えれば現金が減るからさ。事業というのは、なんらかの方法で集めてきたお金を使って何かを仕入れて、それに付加価値を付けて売って、仕入に使ったお金よりもたくさんのお金を稼いで、それでさらに多くのものを仕入れる。簡単にいえばこんな感じの流れだ」

山口はカバンからボールペンを取り出して、店の紙ナプキンに簡単な図を書いた。

〈①お金を集める → ②仕入れる（原材料・商品・労働力など）→ ③売る → ④回収する〉

「これは製造業でも、小売業でも、サービス業でも変わらない。モノを売らないサービス業なら、従業員の労働力を仕入れていると考えればいいね。ここで、在庫が多いということは、お金が②の部分で商品や原材料という形で止まってしまっているということになるんだよ。もちろん、在庫がいつか売れればそれはお金が入る。でもそのタイミングはお金が出ていくタイミングより遅いから、その時間差を埋めるために余裕のお金（現金）が必要になる。これが〝運転資金〟って呼ばれるお金だ」

「現金の支払のタイミングのほうが売上から入ってくるよりも早いから、会社の現金に常に余裕がないと、払えなくなってしまう可能性があるということ？」

「そういうこと。だから多くの会社は運転資金の不足を補うために、銀行から短期的にお金を借りている。うちの部でも今日、部長が銀行に電話をして、借入の相談をしていたよ」

（なるほど。それは知っているわ）

さくらは社長室で聞いた話は、口に出さなかった。

白餅堂の利益とキャッシュが気になるさくら

「もし運転資金が足りなくなったら、会社はどうなってしまうの？」

「支払が滞れば倒産だね。ただ運転資金が不足したからといって、すぐに倒産になるわけじゃない。仕入先に仕入代金を支払えなくなったり、従業員の給料や事務所の家賃が支払えなくなったりする。それから手形を振り出しているなら、一定期間内に2回不渡りがあると銀行取引ができなくなる。そんな状態で事業を続けることは、現実的には不可能。だから、運転資金が枯渇したら〝事実上の倒産〟ということさ。ちなみに〝倒産〟というのは、実は法律的に定義されている言葉じゃないんだ。法的にいえば、破産とか民事再生といった会社の処理方法が決められている。そして、もう事業を続けることは無理だなと社長や周りの人が判断したら、破産や民事再生といった法的な処理に進むことになる」

さくらが以前勤めていた会社は、資金繰りに失敗して倒産したと聞いている。しかしそれがどういうことなのか、当時は詳しい内情は分からなかった。

「じゃあ、運転資金が不足して倒産したりしないようにするためには、どうすればいいのかしら。銀行からたくさんお金を借りておけばいいのかな」

「まあそうだけど、銀行だって無限にお金を貸してくれるわけじゃないからね。それに銀行融資は利息を乗せて返さなければいけない。だから融資を受けて、そのお金を事業に使うことで、融資返済元本と支払金利以上の現金を増やせる見込みがあるのなら、融資を受けたほうがいいこともあるけど、基本は会社の現金の流れを管理することがとても大事なんだ」

「会社の現金の流れ？」

「そう、つまりキャッシュフロー（現金の流れ）さ」

山口はさっき書いたメモをボールペンで指した。

「この事業の流れでいうと、融資というのは①のところだよ。返済には④の一部を使う。

④が①より増えるという見込みがあるなら、融資を受けたほうがいいということだ。もし、借りたお金と、事業で得たお金が同じなら、支払利息の分だけマイナスになる。利息以上の利益を上げないといけないということがポイントになるね。銀行ももちろん返してもらえなければ困るから、事業計画書などを詳細にチェックして、④が①よりも増えそうかどうかを確認する。その見込みがなければ、融資はしてくれない」

山口は店員を呼び、バニラアイスを追加注文して「さくらさんのアイスがおいしそうだから」と照れ笑いをした。

「話を戻すと、倒産しないためにいちばん大切なのは、銀行から借りられるかどうかよりも、その事業自体がちゃんと利益とキャッシュの両方を生んでいるかどうかだろうね。しっかりと利益を出し続けて、キャッシュをたくさん蓄積していれば、短期的な現金の出入りに多少のズレが生じたとしても、余裕で対応できる。利益の増減だけを見るんじゃなくて、同時にキャッシュの増減も見なければならない」

（なるほど。数字で会社を見ることの重要さは「会計マインド」で分かったけど、現実世界ではやっぱりお金が大事ってことね）

さくらは今まで働いていて、会社全体のお金がどうなっているのかについては考えたことがなかった。しかし山口の話を聞いて、会社の現金がどれくらいあるのか、急に心配になってきた。

「白餅堂の場合はどうなのかしら？」

「ここ数年はほとんど赤字が続いている。長年の利益の蓄積のおかげでなんとかキャッシュは回せているけど、徐々に体力を奪われているのは確かだね。在庫がかなり多く、これは問題だな。この間現場で見たとおり、過剰在庫が結局そのまま放置され、商品としても使われずに山積みになっていたのをさくらさんも見たでしょう？」

「ええ。あれももちろんお金を払って仕入れているのよね」

「そのとおりさ。過剰に仕入れることも問題だけど、最終的に商品として売れればまだいいんだ。でも仕入れた原料が使われないんじゃ、まったくの無駄ということになる」

「……投資と回収」

さくらの口から思わず、先日のセミナーでの言葉が漏れた。

「え⁉」

山口はさくらの口をついて出た言葉に驚いた。

「あ、いやこの間参加したセミナーで講師の人が、とにかく『投資と回収』を意識することが会計マインドを養ううえで重要だと言っていたのよ」

「そのとおりだよ、さくらさん。会社を会計的に把握することは、まさに投資に対してどれだけの回収ができるのかをできるだけ客観的に把握するためにやっているんだ」

「ふーん。じゃあ会社のことを正しく把握するには、投資と回収、それにお金の流れについてもしっかり把握することが大事なのね」

「そうだね。会社を数字で把握する代表的なものとして『財務諸表』があるけれど、財務諸表の主なものには3つあるんだ。『貸借対照表』に『損益計算書』、そして『キャッシュフロー計算書』を合わせて財務三表といわれているよ」

「『貸借対照表』と『損益計算書』は分かるわ。この間の講義にも出てた」

さくらは自分のノートを見返しながら山口に言った。

「『キャッシュフロー計算書』は、まさにお金の流れを記載した書類さ。これは事業期間内におけるお金の入と出が分かるようになっている」

山口はさすがに経理部門の社員とあって、淀みなく説明を続けた。

「一方で貸借対照表の『資産の部』を見ることで会社にお金（現金）がどれだけあるのかも確認することができるよ」

「なるほど。それでわが社の問題はどこにあるの？」

「さっきも言ったように、まず過剰在庫は問題だね。それから前社長の拡大路線で店舗を増やしたり、新工場や倉庫を建設したりしたけど、そのときに銀行からの借入がかなり増えている。今の時代、融資の利率は低いけれど借入額が大きいと、利息支払の負担は意外とバカにならないんだよ。そういうことがあるから、資金繰りはやや厳しい感じじゃないかな？」

さくらの脳裏には、昼間見た社長の厳しい表情が思い浮かんだ。

「どうすれば、キャッシュを増やすことができるのかしら」

「もちろん長い目で見れば、売上と利益を増やしていくしかない。結局、会社に現金をもたらすのは売上と利益だからね。でも短期から中期で見ると、貸借対照表をスリム化するように、各部門が動くということも重要じゃないかな」

「貸借対照表をスリム化ってどういうこと？　全然分からないわ」

「今まで話してきたことじゃないか。さくらさん、分からないことをすぐに聞くのはいいことだけど、自分でも考えないと」

山口は溶けかけたバニラアイスを大きくスプーンですくって、一口でぺろりと食べた。

【第3章解説】

どうして会社のキャッシュが足りなくなるのか

会計でよく使われる有名な言葉に「勘定合って銭足らず」があります。

これは、決算書（損益計算書）の計算上は利益が出ているのに、キャッシュ（現金）が不足しているという状態を表しており、最悪の場合、山口の言っているような「黒字倒産」になってしまうこともあります。

売上が上がっているのに、キャッシュ（現金）が足りなくなってしまう理由には、以下のようなことがあります。本書でいっている「会計マインド」を養うためには、数字で事業を把握するとともに会社の「お金」の流れを把握することが重要です。

▼①営業マンは特に気をつけたい「売掛金」の恐怖

売上好調なのに、会社が倒産してしまったら大変です。しかし、営業現場では意外に「お金」の流れまでしっかり考えて業務に当たっている人は少ないかもしれません。

黒字倒産を起こさないために最も気をつけたいのは「掛け売り」です。

白餅堂が直接店舗で商品を販売した場合、通常はお客さまから直接現金をいただいて、お会計をすれば「売上」と「現金」は一致します。一方で、大量のロット売買で、例えば大型スーパーとのBtoBと呼ばれる企業間取引などの場合では、通常「掛け売り」といって伝票上のやり取りだけで取引が行われます。そうすると「売上」と「現金」が一時的に一致しない状態が発生します。

会計上は、販売した分の「売上」はいったん「売掛金」として記録され、一定期間後に取引先からの振込などによって、キャッシュ（現金・預金）となって戻ってきます。

BtoBでの販売をしている企業は常に一定の売掛金があります。売上が増えることで売掛金が増えるのは当然のことであり、そのこと自体は悪いことではありません。しかし売上がどんどん増えていくのに、未回収の売掛金が増えてしまうと大変です。未回収の売掛金が増える原因としては、白餅堂の取引先Xスーパーのように、相手の事情で支払が遅れることや、営業担当者が請求書の発行を忘れている場合などがあります。

会社は売上を増やす一方で、毎月多くのキャッシュが出ていきます。従業員の給料に、事務所や店舗の家賃、広告宣伝費や原材料の仕入などの費用も増えています。借入があれば、当然毎月の返済もしなければなりません。こうした必要な「お金」が決められた時期に支払えないと会社は黒字でも最悪の場合、倒産してしまうのです。

▼②過剰な在庫保有

第2章で見たように、白餅堂では原材料を過剰に仕入れていることが分かりました。原材料在庫が必要以上に増加したり、過剰生産による商品の過剰在庫を抱えたりすることも、キャッシュを逼迫させます。通常、会社は売上時の「掛け売り」と同様、仕入のときも「掛け買い」を行っています。これを「買掛金」といいます。しかし買掛金も一時的に支払に時差があるだけで、期日が来れば「お金」が払われます。仕入れた分だけしっかり売上が立っていればいいですが、もしも仕入れた金額よりも少ない金額しか売上が上がっていなければ当然赤字リスクです。そしてこれもキャッシュを圧迫します。しかも食品のように賞味期限があるような商品は、賞味期限内に売れなければ作った商品はすべて廃棄となります。

さらに白餅堂には長年使われておらず、これからも使用される見込みが低い原材料在庫が数年にわたって蓄積されていることが分かりました。そうなれば使わなかった分の原材料もまるまる損失としてキャッシュを圧迫します。

▼③過剰な設備投資

白餅堂では前社長の時代に、新工場・倉庫の建設をしています。多額の設備投資資金をする際には、銀行からの借入金をその資金に充てます。会社が新たに生み出すキャッシュと、毎年の借入金返済額＋金利支払額とを比較して後者が多ければキャッシュは減っていきます。

ただし、返済が終わっても投資した設備は残るので、もしそれまでのキャッシュの蓄積が多く、手元の現金に余裕があるのなら、返済期間中は一時的にキャッシュが減るとしても長期的に見れば今のタイミングで設備投資をしたほうがいいという経営判断もあり得るので、その状態が一概に悪いということではありません。

さらに、より厳密に考えるのであれば、会社全体のキャッシュの増減ではなく、その設備投資ごとに投資によって追加で生み出されるキャッシュと、その投資に関わる借入金返済＋金利支払とを比較して、それが長期的に見てプラスになるのなら投資を実行するといった判断をしていきます。

損益計算書は現金の動きで記載されていない

一般消費者に直接商品を現金で販売している小売店などは別ですが、「B to B」と呼ばれる企業間取引では、通常「掛取引」が行われています。掛取引とは、物品やサービスの売買などの取引が行われたときに現金を受け渡しするのではなく、いったん請求書を発行するなどして、企業が独自に定めた一定期間（これを支払サイトといいます）が過ぎてから、銀行振込などで支払う方法です。

例えば、月末に請求を締めて、その翌月に前月の請求分をまとめて支払う、「月末締め翌月末払い」といった方法がよくあります。また、最近は少なくなってきましたが、現金の代わりに一定期間後に銀行に持ち込むことで現金化できる「手形」を発行する企業もあります。

ところが会計のルールでは、実際に現金の受け渡しが行われたときではなくて、その取引が行われた時点で、帳簿に記録することになっています（これを「発生主義」といいます）。

そのため、帳簿上は売上として計上されている金額でも、実際には現金が入ってこないということがあります。逆に広告費などを支払って販管費に計上しているけれど、実際にはその代金は支払っていないということもあります。

つまり、売上や費用の動きと、実際の現金の動きは一致していません。したがって、売上から費用を差し引いた利益金額も、それだけの現金が残ったということを示しているわけではありません。

そのため、損益計算書だけを見て利益が出ていると思い込み、現金で代金を支払おうとしたらお金が足りなかった、ということもあり得ます。そんなことがあれば会社の信用はがた落ちです。振り出した手形の引き落としができないという事態だったら、倒産に結び付きかねません。

そういう事態を防ぐために、通常、会社の経理部では「資金繰り表」という、近い将来まで現金の出入りの予定をまとめた表を、決算書とは別に作成しています。

キャッシュがどこから入りどこへ出ていくのかが分かる、キャッシュフロー計算書

損益計算書、貸借対照表に続く財務三表の最後が、キャッシュフロー計算書です。キャッシュフロー計算書は、その名のとおりキャッシュ（現金）のフロー（流れ）をまとめたものです。ちなみにここでいう「キャッシュ」は現金および現金同等物とされて、換金しやすい普通預金や当座預金なども含みます。

キャッシュフロー計算書は、資金繰り表に似ています。ただ、資金繰り表が主に将来の現金の出入り予定をまとめることで現金不足を防ぐ目的であるのに対して、キャッシュフロー計算書は、その期に現金がどこからどれだけ入ってきて、どこにどれだけ使われたのかを示すものであり、いわば「結果」の書類です。

そのため、上場企業などの場合に、投資家が会社のお金の使い方やお金の余裕を評価する際には有用ですが、中小企業の現金管理のためにはあまり使われておらず、通常、資金繰り表が利用されています。

キャッシュフロー計算書には、営業活動によるキャッシュフロー（営業CF）、投資活動によるキャッシュフロー（投資CF）、財務活動によるキャッシュフロー（財務CF）の大分類があります。

キャッシュフロー計算書の基本的な構造は、各部がプラスならキャッシュが増えている、マイナスならキャッシュが減っていることを示し、最後にそれらを総計して、1年間でどれだけキャッシュが増減したのか、また期末にはいくらのキャッシュが残っているかが示されます。

[図表7] キャッシュフロー計算書の例

キャッシュフロー計算書		
営業活動によるキャッシュフロー		
売上入金	10,000	(+)
仕入支払	8,000	(−)
経費支払	1,500	(−)
受取利息等	300	(+)
支払利息等	200	(−)
法人税支払等	200	(−)
営業活動によるキャッシュフロー合計	**400**	
投資活動によるキャッシュフロー		
固定資産の取得	200	(−)
固定資産の売却	0	(+)
有価証券等の取得	0	(−)
有価証券等の売却	0	(+)
投資活動によるキャッシュフロー合計	**−200**	
財務活動によるキャッシュフロー		
借入金の増加	400	(+)
借入金の返済	300	(−)
株式発行	0	(−)
配当支払	50	(−)
財務活動によるキャッシュフロー合計	**50**	
現金および現金同等物の増減額	**250**	
現金および現金同等物の期首残高	**150**	
現金および現金同等物の期末残高	**400**	

キャッシュフロー計算書の期末残高が、貸借対照表の「現金、預金」となる。

▼営業活動によるキャッシュフロー（営業CF）

文字どおり、営業活動に伴うキャッシュの動きをまとめた部分です。なお、ここでの「営業活動」とは、営業部が取引先に商品を売るという意味での営業活動ではなく、会社の事業全体を指していることに注意してください。営業活動によって最終的に残ったキャッシュが増えていればプラス、減っていればマイナスになります。事業全体による現金の増減ですから、これはプラスになっているのが普通ですし、多ければ多いほど優良です。もしこの部分でマイナスが続くのであれば、なんらかの構造改革をしない限り、会社の存続は難しいでしょう。

▼投資活動によるキャッシュフロー（投資CF）

工場新設などの設備投資や、ソフトウェア購入、投資用不動産などによるキャッシュの増減を示します。機械設備などへの投資をすればマイナスになり、過去に購入していた投資用不動産を売却したような場合はプラスになります。投資を減らせばキャッシュのマイナスは減りますが、投資は将来の成長の源資となるので適切なバランスで実施されることが大切です。

▼財務活動によるキャッシュフロー（財務CF）

借入やその返済、社債の発行、配当金の支払などによる現金の出入りを示します。借入を増やしたり、社債を発行すればキャッシュが増えるのでプラスになり、返済をしたり配当を支払えばキャッシュが減るのでマイナスになります。

キャッシュフロー計算書のチェックポイント

キャッシュフロー計算書は、営業CF、投資CF、財務CFの3つがどのようなプラス、マイナスになっているのかを、組み合わせのパターンで見ることで、会社の状態がある程度分かります。

Aは、営業活動で得たキャッシュで投資をしたり、借入金を返済したりしているパターンです。投資は将来の成長への足掛かりになりますし、借入金を返済しておけば、経営の安定性が高まります。優良な会社のキャッシュフローのパターンです。

［図表8］キャッシュフロー計算書のパターン

パターン	A 優良	B 一般的	C 立て直し途上	D 危険
営業 キャッシュフロー	＋	＋	＋	－
投資 キャッシュフロー	－	－	＋	＋
財務 キャッシュフロー	－	＋	－	＋
キャッシュフロー計算書の読み取り方	本業で稼いだキャッシュで投資を行い、また、借入金を返済したり、配当を出したりしている。	本業で稼いだキャッシュに加えて、借入金で投資を行っている。一般的な中小企業に多いパターン。	過去に投資した資産を売却して得たキャッシュで、過大な借入金を返済する「資産リストラ」を行っている。	本業でキャッシュを稼げず、経費などの分がマイナスになっている。資産を売却し、借入を増やして、そのマイナスを埋めている。

Bは、営業活動で得たキャッシュと、借入で得たキャッシュで投資をしているパターンです。ある意味で、Aに至る前の段階だともいえます。投資が実を結んで営業CFが増えれば、Aのパターンに移行できます。

Cは、借入金が過大なので、営業活動で稼いだキャッシュだけでは返済が追い付かないため、不要な資産を切り売りするいわゆる「資産リストラ」によって、借入金を返済している状態だと推定できます。借入金が減り、財務が健全化したあとで、AやBの状態を目指します。

Dは、そもそも事業から得られるキャッ

シュがマイナスで、そのマイナスを投資資産の売却や借入金増加、増資などで得たキャッシュでまかなっている状態です。いわゆる「自転車操業」であり、早期に営業CFをプラスに転換できなければ、会社が倒れる危険な状態です。

なお、営業CFと投資CFを足したものをフリーキャッシュフローと呼び、その推移によって、会社の現金にどれくらいの余裕があるのかを見ることもあります。

［第4章］

財務分析で会社の実力を測る——白餅堂の現状と問題点とは

前社長の妻、良江が取締役会議で語ったこと

白餅堂本社会議室では臨時取締役会が開催されていた。参加者は、次郎社長、塚原専務、他3名の役員、それにオブザーバーの森 良江だった。良江は先代社長の妻であり次郎の母であるとともに、現在の白餅堂の大株主でもあった。

「本日の議題は、銀座店についてです。先代亡きあと、白餅堂は今、危機に瀕しています。まず改善しなければいけないのは財務体質を健全化すること。今後新たな成長をしていくためには、売上の割に見合っていない高コスト体質から脱却し、より利益体質の会社に変えていかなければなりません。そのためにあらゆるコスト削減が必要です。一つは仕入の見直し。そしてもう一つは収益力の低い直営店の削減。そこで苦渋の決断ではありますが、やはり銀座店は閉店すべきだと思います。本会での了承をお願いします」

次郎は静かに言った。

「それで良いのでしょうか?」

塚原は、次郎ではなく良江に向かって聞いた。良江はそれを待っていたように椅子から

立ち上がり、話し始めた。

「銀座店については、社長から詳細な説明を受けています。その閉店が、白餅堂の、そして社員全員の未来のために必要ということであれば、私は大賛成です」

良江は役員全員の顔を見渡した。

「皆さまご存じのように、亡夫の和夫は、リーダーシップがあるとかカリスマ性があるとか、そんなふうに良く言ってくださる方も多かったですが、強引でわがままな人でした。その和夫がそれなりに社長としてやってこられたのは、塚原専務はじめ、役員の方々にしっかりと実務面をサポートしていただいたからに他なりません。和夫も、皆さまのおかげで自分が好きなように仕事ができると、折々感謝を申しておりました」

塚原は頭を下げた。その目尻には涙がにじんでいた。

「しかし、その和夫はもういません。これからの白餅堂のことは、現社長にすべて任せました。どうか皆さま、よろしく社長を支えてください。お願いします」

良江は腰を折り、深々とお辞儀をした。役員たちも全員が立ち上がり、深く礼をした。

「銀座店での茶会は、本当に素敵なイベントで、良い思い出がたくさんあります。今までそのような場を与えてくれた皆さまに、心から感謝しています。ありがとうございました」最後にもう一度、良江は頭を下げた。

値引き販売実施の要求に対する次郎の判断

遡ること1週間前。白餅堂の全店店舗会議では、激しい議論が行われていた。

店舗を管轄する第2営業部について、話の口火を切ったのは次郎だった。

「私たちの生命線ともいえる店舗について見ていきましょう。店舗は、POSレジデータの活用が課題ですね。今は売上の集計に使っているくらいで、データ分析をほとんどしていません。これは実にもったいない。まずは顧客情報として活用していかなければなりません。

しかしそれ以前に、30ある店舗のうち、20店舗が目標売上高を下回っています。さらに、1店舗では損益分岐点売上高さえ下回っています。これは大きな問題です」

第2営業部長の大野が口を開いた。

「その目標売上高を下回っている店舗の店長たちから、値引き販売についての要望が出ています。皆さまご承知のように、白餅堂の店舗では値引き販売をしていません。これは、以前から受け継がれてきた『老舗としてのブランドイメージを守る』という観点を、先代社長も重視していたためです。しかし、平成以降の長引くデフレ時代に培われた消費者の低価格志向は近年ますます広がっています。そこで、平常時における見切り品の値下げ販売といったことまではしないにせよ、1年のうちに2回、盆暮れの時期にはセール期間を設けても良いのではないかという声が強く上がっています。また、それとは別に、店舗の裁量でセット商品やバンドル販売商品を作り、柔軟なバンドル価格の設定によって、実質的な値引きを可能にできないかという声も上がってきています。例えば、全店舗ではなく、売上不振店だけでも、テスト的に柔軟な価格設定を導入してはいかがでしょうか」

「それはだめだな」

次郎は即座に却下した。

「先代の言ったとおり値引き販売には、ブランドイメージを損ねるといった問題があります。値引き販売は、ほとんどの場合、自分で自分のクビを絞めることになります。そんなことよりも前にやるべきことがたくさんあるはずです。先ほども言ったように、POSレジをはじめとした販売データの収集、分析や、販売員のスキル向上などの施策をまず取るべきでしょう」

銀座店の存在

次郎が言った損益分岐点売上高を下回っている店は、白餅堂の旗艦店ともなっている東京の銀座店のことであった。銀座の一等地にあるこの店舗の毎月の売上は年々酷い赤字になっている。理由は明白で、売上に対して高過ぎる家賃が利益をすべて消していた。しかし先代社長は、銀座店の赤字を一種の「宣伝広告費」だと考えて容認し、社内でもそう説明してきた経緯がある。

「社長、銀座店は先代が長年温めていた夢の実現として出店した店舗です。白餅堂の全国展開の象徴というべき存在ですから、多少の赤字は宣伝広告費のようなものだと考えて容認するべきではないでしょうか」

先代社長の入社時からずっとそのもとで仕え、今でも先代社長を強く尊敬している塚原専務がそう言った。

「塚原さん、会社の利益やキャッシュに余裕があるのなら、そういう考え方も一理あるでしょう。しかし、今の白餅堂には、そこまでの余裕はありません。どんな会社でも、不調のときにはまず広告宣伝費から削るというのが、常識です」

「それはそうかもしれませんが、本当の広告と違って、店舗は一度畳んだら簡単には再出店できません。今こうやって改革に取り組んでいるのは、そういう状況を乗り切るためですよね」

「もちろんそうです。しかしそもそも、銀座店のようにお金をかけた豪華な店舗が必要なのかという話でもあります」

「それは……」

塚原は少しうつむいて口ごもった。

「しかし、奥さまのことが……」

次郎はそんな塚原の様子をしばらく見つめていた。

重苦しい雰囲気を打破するかのように口を開いたのは第2営業部長の大野だった。

「なるほど、社長のおっしゃるとおり。確かに私も店舗を回っていると、不振店には独特の沈滞したムードがあると感じていました。それは売上不振だからだろうと思っていたのですが、むしろ逆に、沈滞したムードが売上不振の原因なのかもしれないですね。今一度、各店の業務をモニタリングするところからやり直してみます。また、ＰＯＳデータ分析についても、どのようなものが可能か、早急に検討します」

「大野部長、そうしてください」

次郎は大野に静かに告げた。目の前の塚原は依然として黙っている。

「塚原専務、私も銀座店を閉めるのは本当につらいですが、もはや白餅堂には一刻の猶予もないのです。ここでやらなければわが社に明日はありません」

今日の次郎が発した、いちばん優しい声だった。

白餅堂の財務状況

社長室では、次郎と山口、それに経理部長の真田がなにやら資料を見ながら議論をしていた。

「真田部長、在庫回転率はどうなっているのかな？」

「はい、当社の在庫回転率は7・5となります。一般的に、製造業のなかでも食品を扱うメーカーでこの数字はあまり健全とはいえません。在庫回転率から考えても、現状の仕入は過剰となっています」

「なるほど。するとやはり当社の財務改善に仕入の見直しは絶対に必要だね。山口君は実際に現場を見てきているんだよね？」

山口はさくらと同期ながら、ここ数カ月の働きが評価され、今や社長との会議に直接参加するようになっていた。また部長の真田が言葉少なで、次郎からすると会社の状況がよく分からないことも一因であった。

「はい。この数カ月、各部門へのヒアリングを佐々木さんと行ってきました。製造部の新しい倉庫には実際、使われていない在庫が山積みになっていて、棚卸が適切になされていないために、これが貸借対照表で資産として残っている状態です」

「なるほどね。するとこの貸借対照表での『材料』というのは、実際にはもはや使い物にならない、廃棄すべきものということか」

「そうです。こうした不良資産は早く廃棄処分して損失を確定し、実態に合った財務改善を早急に行うべきかと思います」

「分かった。真田部長、それ以外に利益を圧迫している要因は何かな？」

「売上原価以外では、やはり販管費です。売上に対しての販管費率は約28％と、かなり高い状態です。内訳を見ると特に高いのは人件費となります。労働分配率でいいますと……」

部長の真田がすべてを言う前に次郎は口を開いた。

「社員を切ることはしたくない。そもそも売上が低い状態で社員に支払う給料を比較しても意味がないだろう。固定費として下げられる部分は徹底的に下げるけど、社員への給与は最低でも現状維持だ。今ここで賃金をカットすれば、社員のモチベーションは一気に下がる。そうなれば白餅堂は立ち直れない」

次郎は真田に対してというより、自分に言い聞かせるように、強い口調でそう言った。

「……では、やはり販管費のなかでは、直営店のコストのかなりの部分を占める地代家賃を見直していってはどうでしょうか？」

隣の真田が口を開かないので、山口は率直な意見を次郎にぶつけてみた。

「うん。店舗ごとの売上と営業利益はどうなっているのかな？」

「直営店の店舗ごとで業績の特に悪いところは銀座店が約1500万円の赤字、そのほかに京都店と芦屋店、宝塚店も赤字が大きくなっています。これらに共通するのはどこも販管費における地代家賃が高いために売上に対して、利益を失わせる結果になっています」

次郎の質問を受けて今度は部長の真田が答えた。真田は数字の把握はしっかりしていた。

「なるほど。銀座店については私も問題だと思っていた。この間の取締役会でも閉店することを決議したよ。ただし、宝塚店と芦屋店はどうかな？　ここは売上も他店に比べて低いし、原価率が他よりも高いようだけどなぜだろう？」

「それは、おそらく『プリンどら焼き』を売りにしているからです。この2店については、他店と異なり、工場から近いこともあって、先代の開発した『プリンどら焼き』を店舗のいちばんの売りにしています。駅前の良い立地にあるのですが、売上がいまいちなので、売れ筋のどら焼きをもっと回してほしいと現場の店長は言っていました」

以前、山口は実際に宝塚店へと足を運び、現場の店長から言われたことを社長の次郎に告げた。

「分かった。では、宝塚店はいったん、『プリンどら焼き』の販売をやめて、通常のうちの売れ筋を売ってもらうことにしよう。芦屋店については、個別に今後の売上状況を報告するようにしてください」

「承知しました」

山口は、社長の指示をメモした。

「山口君、それと京都店の損益については、損益分岐点がどこになるのかも出しておいたほうがいいな」

口を挟んだのは部長の真田だった。山口は真田の指示についてもメモをした。

「真田部長、なぜ損益分岐点を出したほうがいいと？」

次郎は真田の提案について質問をした。

「はい、社長のお考えとしては京都店を続けるかどうかの判断をするために出した指示かと思いますので、それならば通常の売れ筋のどら焼きをいくつ売ればいいのかが分かれば、現場としても目標が分かって良いかと思いまして」

「なるほどね、さすが経理部長。ではそれでお願いします」

次郎は意外な思いで部長の真田を見返しながらそう言うと、真田は恥ずかしそうに下を向いた。どうも自分の意見を言うことに慣れていないらしい。おそらく先代のときはあまり意見を自分から言う必要がなかったのだろう。

新しい中期経営計画

2週間後、白餅堂では社内改革プロジェクトと新経営方針の発表会が開かれた。

本社勤務、工場勤務の社員は全員一堂に集められ、全国の店舗にはリアルタイムで動画が配信された。

「私たちの経営理念は『一人でも多くのお客さまに、おいしいお菓子で笑顔になってもらうこと』です」

その言葉から、次郎の話は始まった。そして、その理念を実現するためのビジョンが、プロジェクトスクリーンに映し出された。

・5年後の売上高50億円達成
・5年後の47都道府県すべてへの国内展開、および海外店舗の展開

・10年以内の株式上場

この発表、特に海外展開や株式上場については、ほとんどの社員にとって寝耳に水だったので、会議室にはざわめきが起きた。それが収まるのを待って次郎はこう説明した。

「一人でも多くのお客さまに、おいしいお菓子で笑顔になっていただくためには、当然、全国の都道府県にあまねく出店をする必要があります。また、お客さまを国内に限る理由はまったくありません。国内の菓子市場を見ると、少子高齢化による市場全体の縮小はすでに始まっています。むしろ国内に事業を限定するほうが、リスクが高い状況になりつつあるのです。私は自分の海外生活の経験からも、本当においしいものには国境はないと確信しています。海外店舗展開は是非とも早急に進めるべきだと考えています。

また、株式上場については、資金調達面のみならず、知名度アップによる販売向上、優秀な人材の採用、社員の皆さまの待遇向上など、白餅堂の成長発展を持続させるための多くのメリットがあります。現状の社内体制ではまだハードルは高いですが、現在進めつつある社内改革をさらに推進していけば、必ず実現可能だと信じています」

次郎は続けて、今後3期にわたる中期経営計画を発表した。

「まず、今後半年間は社内改革プロジェクトを最優先で実行して、収益力、キャッシュフロー創出力を向上させ、財務基盤を健全化します」

そして、来期以降の3期の経営目標として

・毎期10%以上の売上増
・売上高営業利益率を現在の2%から、3年後に3%にする
・総資産利益率を現在の1・2%から、3年後に2%にする
・どら焼きに続く柱となる新製品を開発し、売上高比率20%とする

などの数値が示された。

「わが社は、今年で創業106年を数えます。そのわが社が今後さらに150年、200年と発展を続けるために、これからの3年間が重要な分岐点になります。是非とも全員で力を合わせて、このビジョンを達成しましょう。

私には先代社長のようなカリスマ性はありません。しかし、白餅堂を愛する気持ちは、決して先代に負けていません。そして、先代以上に白餅堂のために働くつもりです。社員、役員の皆さん、どうかご協力をよろしくお願いいたします」

次郎の言葉が終わると、社内には大きな拍手が沸き起こった。

社内改革プログラムを全社に発表

続いて、改革プロジェクトチームから、社内改革プログラムの概要が発表された。最初に塚原専務から、改革プロジェクトチームを代表して、白餅堂が目指す方向が説明された。

「前社長の時代には、前社長のカリスマ性が白餅堂を大きく成長させました。その功績は多大なものでしたが、一方では、私を含めて全員が社長に頼り過ぎてしまい、自分たちで現場の業務を良くしていこう、自分たちが主体となって会社全体の業績を向上させていこうという意識に希薄な部分があったことも否めません。

これからの白餅堂は、一人ひとりが、自分が白餅堂を代表しているという意識で、どうすれば会社が良くなるのかを考えていきましょう。

それは言い換えれば、すべての社員が、『投資と回収』という事業の本質と、日々の業務との関連を数字によって意識して管理し、数字で社内のコミュニケーションを取るということです。

そして、会社を良くしていくこととは、現場の数字を改善していくことを通じて、会社全体の数字を良くしていくことに他なりません。

新社長のもと、全社一丸となって、白餅堂を発展させていきましょう」

続いてプログラムの概要が説明された。

その主な項目は、以下のようなものであった。

・全社および各部門の主要財務ＫＰＩを設定し、月次決算会議でその達成を報告する
・各部門内では、バランススコアカードの４つの視点から、管理計数、ＫＰＩを設定する
・社内外の講師を招いた教育、研修プログラムを各部門において設定する
・給与、人事評価体系に、部門、全社の業績と連動する業績連動部分を採用する

・部門をまたいだ社内異動制度や店長公募制度を実施する
・銀座店をはじめ、不採算店舗3店の閉店を行う一方、再進出を図る店舗スクラップ&ビルドを実施する
・遊休不動産の売却、在庫処分による財務リストラの実施
・商品ラインナップを見直し、不人気商品を廃番にする一方、新製品開発のための社内公募制度を設ける
・店舗情報、社内情報共有のためのナレッジデータベースシステムを導入する

「先ほど社長から発表された長期的なビジョンや中期経営計画の数値は、誰かが実現してくれるものではありませんし、頑張って働けば自然に達成できるというものでもありません。各現場の実態を反映できる数値によってプランを立て、それを目指して業務を実行し、達成を数字でチェックする。達成できていなければ、どのようにすれば達成できるのか知恵を出し合って改善する。この『PDCA』を常に、そして速く回し続けることでしか達成できないのです。是非とも白餅堂をさらに発展させていきましょう!」

ここまで一気に言うと話をいったん切り、専務の塚原は一口水を飲んでこう続けた。

「このプロジェクトは社内で横断的に展開されるものです。その責任者は社長をトップとし、私が社長のサポート役を担います。しかし、プロジェクトチームは若手社員を中心として結成します。改革施策の具体的な運用については、経営管理部と経理部のサポートを受けながら、各部門に任されることになります。それと今回のプロジェクトの若手のリーダーは……」

次の瞬間、皆の視線が一斉にさくらに向けられた。

本社の他の社員と同じように直接、大会議室で説明を聞いていたさくらは、一瞬何が起きたのか分からなかった。さくらは、塚原専務の口から出た発表に、思わず持っていた資料を落とした。

【第4章解説】

財務分析を行う目的は、最終的には会社全体の投資と回収のサイクルを拡大させることです。それは、決算書の数値となって表れます。

しかし、決算書などの数字がどれくらい改善されたのかを評価するためには、数字そのものを見ていても測りにくいので、数字を加工して指標化するのが一般的です。指標化すれば、時系列を追った変化も簡単ですし、他部門や同業他社などとの比較も、共通のものさしでできることになります。

そのため、経営計画などでの目標値として、単に売上高や利益額ではなく、経営指標の目標が掲げられることがよくあります。

収益力が分かる、売上高営業利益率

経営指標の代表選手が、売上高営業利益率です。売上高営業利益率は「収益性指標」ともいわれています。

売上高営業利益率はどんなときに使われるのか？

例えば、営業利益が1億円から1・5億円に増えれば営業利益は50％増です。そこだけ見れば、儲かるようになったと感じます。しかしそのとき、売上高が30億円から60億円に増えていたとしたらどうでしょうか。倍の商品を販売して売上高は１００％増えたのに、営業利益は50％しか増えていなければ、「儲けの割合」は落ちています。その原因は、どこかで無駄な経費が増えているのではないか、などと推測できます。

逆に、売上高が同じなのに営業利益が50％増えていたとすれば、儲けの割合が大きく上がっています。社内改革による業務プロセスの改善によって生産性が大きく向上したのではないか、といったことが推測できます。

この儲けの割合を示すのが、一般的には「収益性指標」と呼ばれるものです。なかでも、売上高に対する営業利益の割合（営業利益／売上高）を示す「売上高営業利益率」は、会社の収益性を測るための最も基本的な指標とされています。

白餅堂の例

売上高：30億円
営業利益：0・6億円
売上高営業利益率＝2％

「投資」と「回収」の効率性を表すさまざまな「回転率」

効率性指標としては、さまざまな「回転率」が使われます。

例えば、「総資産回転率」は、「売上高／総資産」で表します。総資産が1億円の会社で、売上高が2億円なら総資産回転率は2回、売上高が3億円なら3回です。（総資産回転率は「回」を単位にします）。同じ1億円という資産を使って2億円の売上を上げるのと、3億円の売上を上げるのとでは、後者のほうが効率が良いので、総資産回転率は高いほうが良いということになります。

また、在庫回転率という指標は、「売上原価／期間平均在庫」で表します（簡便的に売上原価の代わりに売上を使うこともあります。次の在庫回転期間でも同じ）。売上原価が3億円で、期間平均在庫金額が1000万円なら、在庫回転率は30回、在庫金額が2000万円なら、在庫回転率は15回です。前者のほうが、より多い在庫がより短期間で販売されており、在庫が入れ替わる速度が速いということです。

在庫金額を1カ月平均売上原価（または1日平均売上原価）で割れば「在庫回転期間」という指標になります。例えば、売上原価が3億円なら1カ月平均売上原価は2500万円です。在庫が1000万円なら1000万円÷2500万円＝0・4カ月が在庫回転期間となり、平均0・4カ月で在庫が入れ替わっていることを表します。在庫が2000万円なら0・8カ月です。在庫回転期間は、短ければ短いほど、在庫に形を変えたキャッシュが倉庫で寝ている時間が短いということになるので、キャッシュ効率が良いと評価できます。

白餅堂の例

売上高：30億円

在庫：4億円

総資産：25億円

総資産回転率：1・2回

在庫回転率：7・5回

在庫回転期間（月）：1・6カ月

従業員の貢献度を測る生産性

労働生産性は、作業員一人ひとりがどれぐらいの利益を出しているかを示すもの（付加価値額／従業員数）で、労働分配率は、稼いだ利益を人件費にどの程度分配しているかを示すもの（人件費／付加価値額）です。両者とも経営の効率性を判断するうえで重要な指標となっています。また、近年よくいわれる「働き方改革」を図るうえでの指標としても使うことがあります。

ストーリーのなかで次郎は給与は下げないと言い切っていますが、そもそも売上が落ちている、利益の低い会社で労働分配率を考えれば当然、労働分配率は高くなっている状態です。売上が上がらない、利益が出ない原因を人件費に求める前に、次郎のように他の原因を探っていくのが賢い選択でしょう。

経営指標と会計マインド

経営指標には、他にもたくさんの種類があります。

これらの指標の多くは、会社全体や事業部全体のものであり、どちらかといえば経営者や事業部責任者の目線、あるいは投資家の目線（上場企業の場合など）で会社の現状を分析したり、あるべき姿を示したりする場合に使われるものです。そういう使い方であれば有用であり、また新聞の経済面などにもよく出てくるので、ビジネスパーソンの常識として主な経営指標を理解しておく必要はあるでしょう。

しかし、これらの経営指標をそのまま現場の日常業務の管理指標にできるかといえば、それは難しいでしょう。

例えば、会社全体の売上高営業利益率を1ポイント向上させるという目標を、各店舗の店長や営業担当者に伝えたとしても、それでは具体的に何をしていいのか分かりません。それぞれの店舗での、あるいは営業担当一人ひとりの売上高や売上高営業利益率を示し、個別の目標を設定することが必要です。それを達成するためには、業務と結び付いたより具体的な計数を管理しなければなりません。それは例えば来客数や販売数であり、来客数や販売数を増やすための販売活動や営業活動の実施回数だったりします。

それから、日々の販売活動や営業活動の実施回数が、来客数や販売数の増加にどう結び付くのか、来客数や販売数の増加が店舗や営業担当者ごとの売上高や利益にどう影響するのか、そしてそれが最終的に会社全体の売上高営業利益率の向上にどう役立つのか。

数字を使いながら、会社全体の業績や財務と、日々の業務とを自在に結び付けて考えることができる、それこそが会計マインドに他なりません。

社員のすべてが会計マインドをもって業務に当たれば、間違いなくその会社の業績は向上していくでしょう。

また、社員個々人にとっても、そのような視点で自分の業務と会社全体を結び付けて考えるスキルを身につけていることは、将来、管理職の立場になったとき、あるいは転職や独立などのキャリアチェンジの際にも、必ず役に立つはずです。

その他の代表的な経営指標

・ROA（総資産利益率）

ROAは、貸借対照表の「総資産」額に対する、損益計算書の「当期純利益」の割合を示す指標です（通常、営業利益ではなく当期純利益が用いられます）。

総資産は英語で「assets」、利益は「return」なので、「Return On Assets」の頭文字を取って「ROA」と呼ばれることが一般的です。

ROAは、「投資」に対してどれだけの「回収」ができているのかを見るときに使う指標です。

・自己資本比率

自己資本比率は、財務的な安全性がどれくらいあるのか、平たくいえば、資金ショートや倒産の危険性が多いか少ないかを見るための指標です。

長期安全性ということでは、代表は、総資産額に対する自己資本（純資産）額の割合を示した「自己資本比率」（自己資本／総資産）です。負債＋自己資本＝総資産ですから、自己資本比率が低ければ、それだけ負債が多いということになります。

「損益分岐点」で各店舗の営業力を評価する

各店舗の利益を考える際には「損益分岐点」の知識が必要になります。
「損益分岐点」という言葉自体は、多くの方が聞いたことがあるでしょう。文字どおり、損失と利益の分かれる点です。「損益分岐点売上高」は、損益なしのいわゆる〝トントン〟になる売上高金額で、その金額を下回れば損失、上回れば利益になります。
損益分岐点がどうやって決まるのかを説明します。
まず、
売上高－費用＝利益（1）
からスタートします。これは誰でも分かりますね。次に費用を「変動費」と「固定費」

とに分解します。

変動費とは、売上に比例して増減する費用であり、固定費とは売上に関係なく支払わなければならない費用です。すると、前の式は

売上高－変動費－固定費＝利益（2）

となります。

そして、損益分岐点売上高は「利益＝0」の売上高ですから、一般化して書くと、次のように表せます。

売上高－変動費－固定費＝0（3）

これを変形すると、

売上高－変動費＝固定費（4）

となります。

この「売上高－変動費」のことを「限界利益」と呼びます。

これを（2）に当てはめると

限界利益－固定費＝利益（5）

と書き換えられます。限界利益から固定費を引いた残りが利益になる。これが損益分岐点の最も基本的なとらえ方です。

限界利益＝固定費　→　利益０（損益トントン）

限界利益＞固定費　→　利益プラス

限界利益＜固定費　→　利益マイナス（損失）

損益分岐点の計算

また、変動費は売上高×変動費率なので、（４）に当てはめると、

売上高－（売上高×変動費率）＝固定費

この式を少し変形すると、

売上高×（１－変動費率）＝固定費

売上高＝固定費÷（１－変動費率）

となります。

「１－変動費率」は、限界利益率と同じなので、

売上高＝固定費÷限界利益率

と表すこともできます。

例えば、販売価格が３００円、変動費が１２０円なら、変動費率は０・４、限界利益率は０・６です。固定費が90万円なら、90万円÷０・６と計算して、１５０万円が損益分岐点売上高になります。

また、

売上高－変動費－固定費＝目標利益……目標利益達成売上高

なので、同様に式を変形していくと、

売上高＝（目標利益＋固定費）÷限界利益率

となります。

右と同じ限界利益率で、固定費が90万円、目標利益が１００万円なら、１９０万円÷０・６≒３１６・６万円と直接計算できます。

利益を増やすにはどうすればいいのか？

損益分岐点を図で表すと、次のようになります（図表9）。

この図から分かることは、損益分岐点が低いほど、利益が出やすく、赤字になりにくい事業体質だということです。利益を増やすための方法は、売上高を増やすか損益分岐点を引き下げるかのいずれかであるため、もしもなんらかの経営環境の変化によって、売上高の長期減少が見込まれるのであれば、その下がった売上高でも利益が出るようなところまで、損益分岐点を引き下げなければなりません。

損益分岐点を引き下げるためには、固定費を引き下げる（図表10）、変動費率（aの角度）を下げる（図表11）になります。

[図表9] 損益分岐点売上高の例1

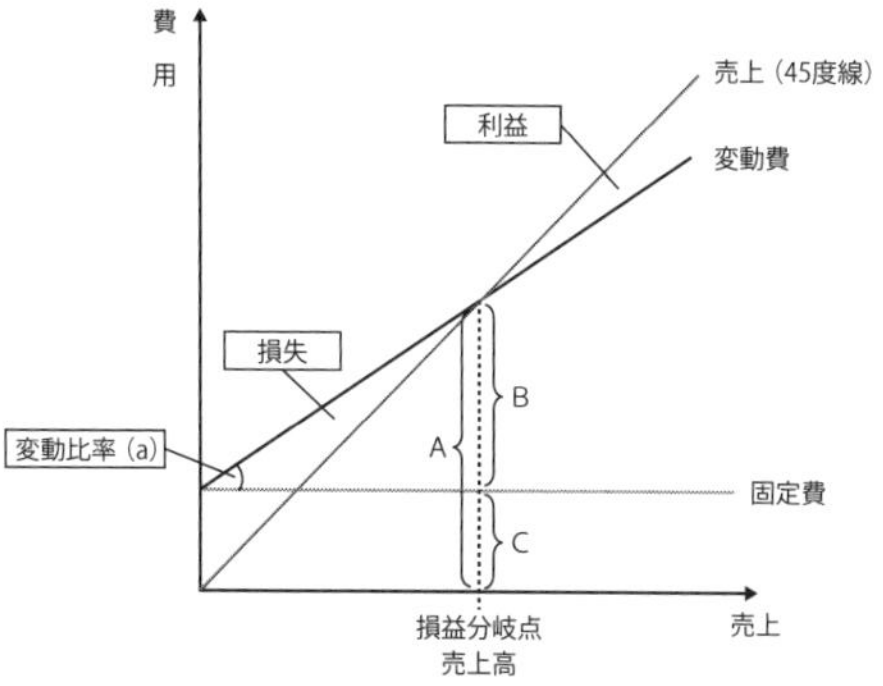

売上高A＝変動費B＋固定費C
売上高A－変動費B－固定費C＝0

[図表10] 損益分岐点売上高の例2

固定費を引き下げることによっても損益分岐点を引き下げることはできる

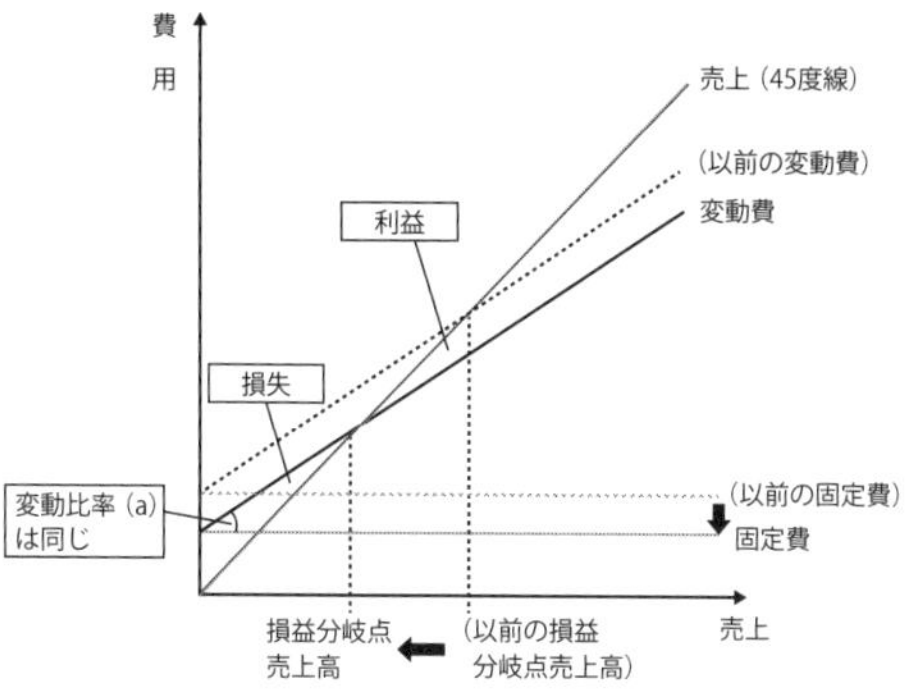

［図表 11］ 損益分岐点売上高の例 3

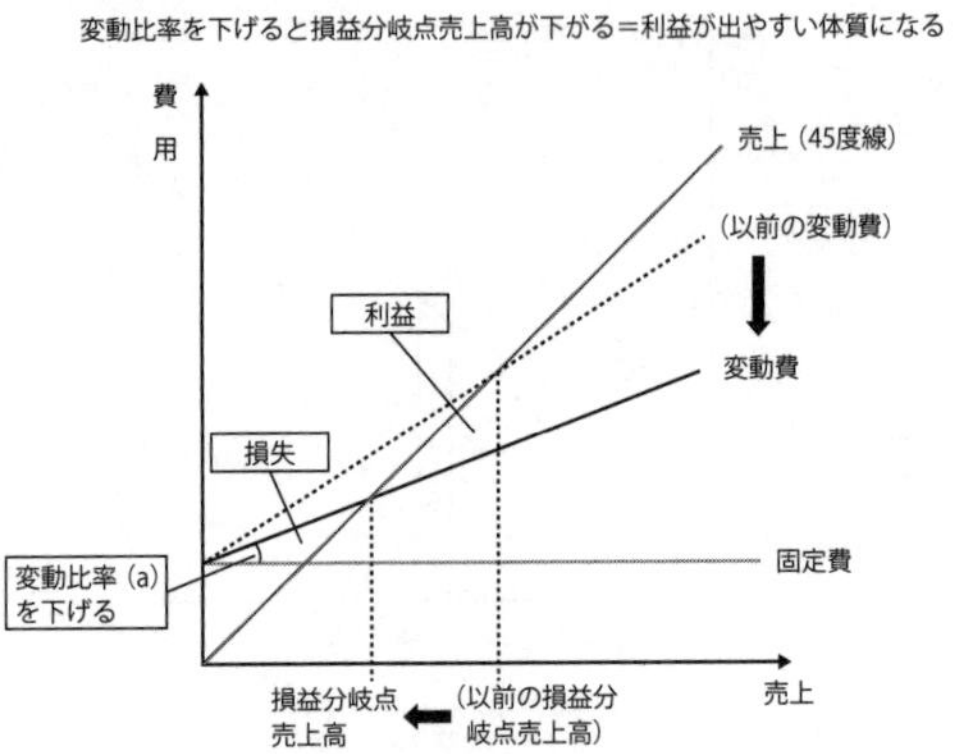

変動比率を下げると損益分岐点売上高が下がる＝利益が出やすい体質になる

［第5章］

管理会計で業務の意志決定をする

――「業務の見える化」で利益を上げろ！

秋も深まってきたある土曜日の午後、県庁近くのシティホテルのラウンジにさくらはいた。客はそれほど入っていなかった。

ゆったりとした座り心地のよい椅子に腰掛けたさくらの向かいには、以前受けたセミナーで講師をしていた鈴木がいた。

さくらは、前回のセミナー内容にとても興味を持ち、それから鈴木が主催しているセミナーなどにはなるべく顔を出すようにしていた。鈴木が説く会計マインドが、今の自分や白餅堂には切実に必要だと感じていたからだ。

今日は鈴木のセミナー参加者を中心とした異業種交流会が開催され、さくらもそこに参加した。2カ月に1回ほど催されている会で、このホテルの中華料理店の個室でランチを楽しみながらざっくばらんな交流をする。参加者の多くは企業の係長から課長クラスといった中堅どころで、働き盛りのビジネスパーソンだった。あとは社労士や中小企業診断士、税理士といった士業の人が参加することもある。女性は少なく、さくらがおそらく最年少だった。鈴木を中心に、参加者たちの会話のレベルは高く、さくらは正直少々場から浮いていると感じることもあったが、持ち前の明るさと物怖じしない性格で、他の参加者ともすぐに打ち解けた。

　午後2時頃に交流会が終わったあと、2次会に行くというメンバーと別れて、さくらと鈴木はラウンジに来た。さくらが鈴木に相談したいことがあるので少し時間を取ってもらえないかと懇願して、付き合ってもらったのだ。

　さくらは、先日の社内プロジェクトチーム発足会議のことを、かいつまんで話し、ティーポットの蓋を押さえながらカップにアールグレイのロイヤルミルクティーを注ぐと、一口飲んだ。

「どうすればいいのか分からなくて、困っているんです」

　さくらの話を黙って聞いていた鈴木は「なるほど」とだけ言うと、真剣な目付きでさくらんぼムースのケーキをフォークで切り分け、一口食べた。

「ここのケーキは、本当に上品で良い味だな」

　どこかで聞いた台詞だと思いながら、さくらは続けた。

「そもそも、私がプロジェクトチームのまとめ役なんて、無理なようにも思います。専務とか部長とか、そういう人がやるべきではないでしょうか」

社内改革プロジェクトチームの発足

先日、さくらと山口の社内ヒアリング結果をまとめたレポートを受けて、社長の次郎は白餅堂改革プロジェクトチームを作ることを決定した。チームのメンバーは、製造部、購買部、第1営業部、第2営業部、経理部の各部長と若手社員が1人ずつ、それにさくらと次郎の総計12人だ。

最初の会議で、次郎は全員を前にしてこう言った。

「チームの責任者は当然自分が務めます。しかしそれは失敗したときに責任を取るためであり、実務的な面でのトップは、プロジェクトマネージャーの佐々木さんに任せます」

さくらは実質的なプロジェクトリーダーに任命されたのだ。次郎が自分を信頼してくれていることをうれしく思ったが、その一方で、白餅堂の将来がこのチームにかかっているという思いから、重圧に押しつぶされそうな気持ちもあった。

「全面的にバックアップするから、佐々木さんの思うようにやってくれ。ただし報告だけはマメに、正確にするように」

そう言われたものの、自分よりもずっと社歴も長く、仕事もできる部長たちの意見をまとめていく自信は、あまりなかった。そこで、鈴木に相談したかったのだ。

「社長はどうしてあなたにプロジェクトマネージャーを任せたと思う？」

「もともと社内ヒアリングをしていたから？　でも、それだけじゃ、プロジェクトメンバーならともかく、マネージャーになる理由にはならないですよね。どうしてだろう……」

「今、白餅堂で部長などの役職を務めている人は、仕事で実績を出して出世したのだし、部門長である以上、部門に対する責任もある。だからこそ、どうしても考え方に柔軟性が欠けてしまう部分がどうしても出てしまう。

例えば、『昔はこうやって成功した』という自分の成功体験をベースに考えがちだという点が一つ。また、自分の部門の利益――利益というと露骨だけど、要は部門のメンバーの仕事がやりやすいかどうかというような点から発想してしまいがちな点が、もう一つだ。

あなたは入社3年ちょっとで、そんなに大きな成功体験もないだろう。部下もいないから、部下のことを考えるしがらみもない。そういう立場だからこそ、会社全体を見渡すことができ、会社を良くするということだけを考えてディレクションをすることができるはずだ……。おそらくそんな考えから、あなたをマネージャーに任命したんじゃないかな」

さくらは、何かを思い出すような目で、黙ってホテルの窓から外を見ていた。

「もちろん、責任は重いし大変な仕事だろうけど、あなたならきっとできる。良い経験になるからやってみるといいよ」

さくらは黙ったままだった。少し客が増えてきたラウンジの適度に雑然とした雰囲気は、かえって気持ちを落ちつかせる。鈴木も黙ったままだった。やおら、さくらは口を開いた。

「私、前に勤めていた会社の倒産で失業して、再就職が決まらないとき、先代社長に拾ってもらって白餅堂に入れたんです。だから先代にも白餅堂にもすごく感謝しています。それなのに、まだ恩返しもできていないうちに先代が亡くなってしまって、すごく悲しかったんです」

いったん言葉を切って、紅茶を口にした。

「だから、もし私の力で会社が良くなるなら、お役に立てるのなら、頑張ってみます」

「うん。それがいいよ」

「ありがとうございます……。それで、どうやって改革プロジェクトを進めていけばいいか、ヒントを教えていただけませんか」

鈴木は「無料でコンサルティングさせられるのか」と笑いながら言ったが、「じゃあ、まずはさくらさんがヒアリングしてまとめた、各部門の問題点を教えてくれるかな」と続けた。

プロジェクトの目標を定める

「前社長は、強いカリスマ性で会社を導いてくれました。そのおかげで白餅堂は大きく発展し成長を遂げることができました。しかし、その反面、私たちは多くの面で社長に頼り切りになり、社長の指示がなければ動きにくい状態になっていたようにも感じます。これからは私たちが中心となって、会社をどうしていくのかを一人ひとりが考えなければなりません」

2回目のプロジェクトチームの会議冒頭、さくらはチームメンバー全員を前に話をした。

第1営業部の若手社員の田中が挙手して発言した。

「今のビジョンですが、国内に限る必要はないですよね。おいしいものは世界共通なのだから、世界進出も考えなくちゃ」

第1営業部長の清水は驚いて目を丸くしたが、次郎は「そりゃそうだ。いいことを言うね」と喜んだ。

「私が以前働いていたスイスのオフィスは世界中から職員が集まってきていた。時々、みんなが自分の国の食べ物を持ち寄ってシェアするパーティがあったんだ。私は一度、白餅堂の製品を持っていったことがあったけど、みんなすごく喜んで食べてくれた。おいしいものに国境はないというのは、そのとおりだね」

「じゃあ、スイス支店を出すときは、僕を支店長にしてください」

「田中先輩、英語はできるんですか？」

山口が言った。田中も山口も地元の高校出身で、田中は山口の1年先輩なので、二人は普段から親しくしていた。

「大丈夫。これから勉強するよ」

「しかし、今の業績や財務の状況では、いきなり海外に進出することは難しいね。まずは、足元をしっかり固めることが重要だ」

次郎は言った。

「そのために、必要な社内改革を考えるのが、私たちプロジェクトチームの役割ですね。皆さん、どんどん意見を出してください」

さくらが次郎の言葉を受け、さらに活発な意見交換がなされた。

そして、2回目の会議で、プロジェクトチームが目指す社内改革は、次の2点を達成目標とすることが決められた。

(1) 各部門の業務を数値で見える化し、計数管理をすること
(2) 投資と回収の視点から業務効率を改善し、収益性向上とキャッシュフロー財務体質の強化を図ること

さらには、その改革をベースとして、中長期的な白餅堂の経営ビジョンを再定義し、そ

のビジョンを実現するための中期経営計画を策定することまでが一連の流れとして予定された。

バランススコアカードの考え方を取り入れる

プロジェクトチームの3回目の会議が開かれた。さくらが、レジュメを配り、今後の取り組みについて説明した。

「まず、それぞれの部門で行っている業務を細かく分解して、その動きや成果を数値として把握することが必要です。つまり前回確認したように、〝業務の見える化〟と、〝計数管理〟を徹底します。計数を作成する際には、〝顧客、業務プロセス、学習と成長〟の各視点での重要な数値をまとめながら、それを財務の数値と結び付けます。これは『バランススコアカード』という考え方からヒントを得て、それを少し簡略化して利用するものです。詳しくはお配りした資料をあとでご覧になってください」

さくらが配付した資料のなかには「バランススコアカードの基本」という項目があった。

「なんだか難しそうだな。あとでゆっくり読むとして、簡単にまとめるとどういうことなんだ？」

製造部長の矢部の質問を受けて、さくらが答えた。

「要点は3点あります。

（1）業務を必ず数値化して、計量できるようにすること

（2）最終的な目標を達成するために必要な数字のなかで、特に重要なものを重要業績評価指標として設定し、いわゆるPDCAの実行により、その数字の改善を目指すこと。ちなみに重要業績評価指標は「KPI」（Key Performance Indicator）といいます

（3）KPIやその他の管理計数を全社的に共有し、自部門だけではなく、他部門の数値改善も意識すること

以上です。これは各部のKPIの改善が相互に関係しながら、会社全体の業績に反映されることを意味しています」

さくらがそこまで一気に話すと、腕組みをしながら聞いていた専務の塚原が口を開いた。

「各部門の現場は忙しい。そんな数字をまとめることが、現実的にできるのか？」

それを聞いて、購買部長の冴木も続けた。

「そもそも、業務を細分化するとかKPIを設定するとか簡単に言うけれど、何をどう設定すればいいの？　私たちには会社全体の財務と結び付く数字と言われてもよく分からないし、かといってよそで勝手に決められても困るし。具体的にはどう決めるつもり？」

さくらは、二人の話を頷きながら聞いて、こう言った。

「塚原専務、冴木部長がおっしゃることはもっともです。どのように業務プロセスを分解して見える化するのか、どのような計数を管理するべきか。また、KPIには何を設定して、どう改善させていくべきか。それを決めていくのがまさにこの改革プロジェクトチームの任務なのです。そして、具体的な運用の場面でお忙しい各部門の皆さまをサポートするのが、私たち経営管理部と経理部の仕事になります」

「サポートって、どういうこと？」

冴木が尋ねた。

「例えば、商品や原材料の在庫ですが、新倉庫の建設後、製造部が生産する商品の在庫や購買部が仕入れる原材料の在庫が少しずつ増えています。特に原材料は、たぶんもう使われないと思われる古いものが、倉庫の奥にしまってありました。こういった過剰在庫の存在は、会社の資金繰りを苦しくする一因になります。

そこで、正確な在庫数の推移を少なくとも月次単位で把握しておき、販売や利用ができない不良化した在庫は適宜処分することが重要です。そのためには、今までは年に1回しか行っていなかった倉庫での実地棚卸を、月次で行うことが必要です。あわせて、今はラフな目安程度にしか作られていない生産計画表についても、可能であれば週次単位で作成し、計画量と実際量に差が出ないようにします。原材料使用量やロス量、製造費用の予算・実績差異なども同様に正確に計数管理する必要があります。そして、製造部では、売上原価率、仕掛品が何日寝ているのかを示す仕掛品滞留日数などが、KPIとして設定されることになると思います」

そこで製造部長の矢部が口を挟んだ。

「ちょっと待って、毎月棚卸をするということか？　しかもいろいろな資料を正確に作成しろと？　そんなことはとても無理だよ。俺たちはしっかり菓子を作るだけで忙しいんだぜ」

「はい。だから今申しましたように、その面を経営管理部や経理部がサポートをします。例えば、商品ごとの生産、原材料消費の厳密な予算・実績管理などは、経理部が製造部に毎週おうかがいして、一緒に資料作成のお手伝いをします。慣れてくれば必要なくなるかもしれませんが、少なくとも当面は行います。また、月次の実地棚卸には経営管理部のメンバーが参加してお手伝いします」

矢部は「うーん」と言って腕組みしたが、それ以上は何も言わなかった。

購買部長もキャッシュフローの視点を理解する

「月次の実地棚卸では原材料在庫も調べます。その数字と、製造部での各種計数、例えば原材料の実績使用量やロス率、また仕掛品滞留日数、さらに正確な生産計画などが週次ベースで分かれば、購買部の仕入計画も、より緻密化できるはずです」

さくらの言葉に、冴木が反論した。

「以前にも佐々木さんには説明しましたよね。購買部では、主要な原材料をなるべくまとめて購入し、購入単価を引き下げるというやり方をしています。生産の状況に合わせて細かく発注をしていたら、仕入コストは上がってしまうわ」

「その点なのですが、先日のお話をうかがったあとで、経理部の協力を得て試算をしてみました。その結果、仮に都度購入と一括購入とで3％の価格差があるとしても、仕入量を細かく調整して在庫の滞留量を10％減らすほうがキャッシュを多く生めることが分かりました」

「さっきも言っていたけど、在庫を減らすとキャッシュが増えるとか、在庫の増加が資金繰りを苦しくするというのが、よく分からないのだけど。どういうことかしら？」

「それはですね……」

さくらの代わりに答えたのは、経理部長の真田だった。真田は会議室前面のホワイトボードに図を描きながら、商品や原材料の在庫が増えると貸借対照表の商品（棚卸資産）が膨らむことにより、キャッシュフローが逼迫するという考え方について説明した。若手社員たちが「なるほど」とつぶやいたり、頷いたりしている様子を見て、真田は続けた。

「すでに皆さまご承知のように、先日、わが社の古くからの取引先であるXスーパーが、売掛金の支払延滞事故を起こしました。幸い、Xスーパーは融資を受けることができたため1カ月の支払延期だけで済みましたが、タイミングが悪くたまたまわが社の支払が多い時期だったため、わが社の資金繰りも逼迫してしまいました。率直に申しまして、現在の白餅堂は決して潤沢なキャッシュを持っているわけではありません。もちろん、メインバンクとは良好な関係を保っており、必要なときにはつなぎ融資を受けられる状態ですので、資金繰りが危機になるということはありません。しかし経理部の立場からいえば、キャッシュ面での財務状況をより良くしておくことは、間違いなく必要だと考えます」

冴木も他の部長たちも、神妙な面持ちで頷いたのを見て、真田は続けた。

「購買の責任者である冴木部長が、白餅堂のために、少しでも有利な価格で品質の良い原材料を購入しようと奮闘努力なさっていることは、私たちも重々承知しております。購買部の皆さまのおかげで、白餅堂の伝統の味が守られているといっても、過言ではないでしょう」

「まあ、私たちがいつも会社のことを考えているのは、間違いないわね」

「だからこそ、その努力を無駄にしないために、是非とも、もうひと頑張りしていただきたいのです。私たちも可能な限りご協力します」

「そうね……。そういうことなら、分かったわ。具体的なやり方はあとで打ち合わせましょう」

（真田部長も、なかなかやるなあ）

山口は内心で舌を巻いていた。

各部署に計数管理を浸透させる

「私たちはすでに、毎月、取引先ごとの売上金額や回収金額をまとめて、経理部に報告している。それ以外にどんな計数管理が必要だろう？」

第1営業部の清水の言葉に答えたのは、山口だった。

「今回のXスーパーの件は突発的な事態で防ぎようがなかったかもしれませんが、売掛金の『年齢調べ表』があると、回収遅れや請求漏れを早期に発見できます。ひな形は私が作成していますので、あとでお渡しします。

あわせて、回収サイトの短期化にも可能な限り取り組んでいただけるとよいかと思います。Xスーパーもそうですが、古くからお取引いただいている販売先の支払条件は、請求から3カ月後、あるいは4カ月後の入金といった期間になっている場合があります。仮に4カ月分の売掛金が滞留しているとなると、当然ながらキャッシュフローに大きな悪影響を与えます。また、取引先に万一のことがあった場合の被害金額も、その分大きくなります。相手があることなので簡単ではないと思いますが、できる限り短縮化を図っていただけると、とてもうれしいです」

「確かに、Xスーパーの件では私も肝を冷やしたよ。支払サイトの長い取引先については、契約更新などの機会に、可能な限り翌月払い契約への変更を依頼しよう。他にはどんなものが考えられるかな?」

今度はさくらが答えた。

「例えば、ということですが。先ほど、〝財務、顧客、業務プロセス、学習と成長の各視点〟という話をさせていただきました。『顧客』の視点なら、商品ごとや商品の組み合わせごとの週次での売上高推移などは、お客さまの重要な行動指標であるとも思います」

「商品ごとの売上高の推移が週次で分かるのなら、それを翌週の生産計画に反映させることで、無駄な在庫を出さないで済むかもしれませんね……。あ！　それだけじゃなくて、新しい商品を開発するための市場動向データとしても使えるぞ」

製造部で主任を務めている入社5年目の近藤だった。

「お、いいじゃないか。うちのどら焼きはブランド力もあるし、安定した売れ行きを保っているが、それ以外の商品がいまいち魅力に欠けていると営業先で言われることが、ここ2～3年増えてきているんだ。営業部から出す数字が新商品の開発に役立つなら、どんどん言ってよ」

「さらに『業務プロセス』でいえば、営業担当者が顧客へ訪問する頻度や時間などの数値と売上高との相関を分析することで、無駄なプロセスを省いて効率化が図れるかもしれません。また『学習と成長』でいうなら、販売担当者ごとの顧客への訪問頻度や営業にかけている時間などと担当者ごとの売上高の相関を分析して、成績上位者の行動プロセスの数値化が可能かもしれません。そういった数値を使うことにより、営業活動のプロセスを標準化できれば、全体の水準を引き上げることも可能になります。現時点ではあくまで仮説レベルですが、業務プロセスの標準化が可能になれば、その標準に従った行動と、そこから得られた引き合いや売上などの顧客反応を掛け合わせた数値をＫＰＩとして設定することも考えられます」

「なるほど、成績優秀者の行動をマニュアル化して、それを基準に行動しているかどうかで採点ができるということか。それなら見当違いの努力をして結果が出せないといったことも修正できるな」

「さすが清水部長。おっしゃるとおりです」

反発を受けながらも進む改革

社内改革プロジェクトチームが発足してから３カ月が経ち、会議も６回を重ねた。

月次決算会議は毎月の５営業日までには開かれるようになり、部門ごとのＫＰＩの達成状況や、製品滞留日数、売掛金滞留日数などの管理計数が製品別、取引先別などにまとめられて詳細に報告されるようになった。売上や利益、資金繰りのシミュレーションも詳細に分類したデータが出されるようになったため、会社全体の現状が一目で見渡せるようになり、また現状で社内のどこに問題があるのかをつかみやすくなった。

各部門の現場でも、計数管理やＫＰＩを基準にした行動の実施とＰＤＣＡの取り組みなどが、部分的に導入され始めた。

白餅堂社内に最初はとまどいがあったものの、これまであいまいなときもあった業務の成果や達成すべき目標が見やすくなり、モチベーションがアップするという声も出てきた。

その一方で、一部の社員からは不満の声が上がっていることを、さくらは耳にしていた。

「慣れ親しんだやり方でできるのに、なんで今さら変えなければならないんだ」

「ただでさえ忙しいのに、余計な資料作成業務や研修時間が増えた」

などだ。

さくらと山口は、そういう声があったときは、折に触れてそういう社員のところや店舗にも直接出向き、仕事を手伝いながら不満を聞くとともに、社内改革を進める意義について説明していった。反発していた社員ともじっくりと話すことで、この改革の意義を皆分かってくれるようになっていった。白餅堂の社内が、少しずつしかしはっきりと変わっていることが、さくらには実感できた。

最初は、数字を基準に業務管理を行い、バランススコアカードの４つの視点と自分の業務を結び付けて改善していくという考え方にとまどうことの多かった社員も、社内の全体研修や、部門ごとの研修サークルの開始により、少しずつなじんでいった。

実際に業績が向上してくると、成績優秀な社員ほど、改革プログラムに積極的にコミットするようになり、ＫＰＩの向上に向けたアイデアを提案したりする場面が増えた。

各店舗からは週次での店舗改善運動と、売上や在庫動向が送られてくるようにもなった。

一方で、慣れ親しんだ業務プロセスを変えることに抵抗を示していた古参社員や、多忙を理由に面倒がっていた若手社員も、実際に業務改革が浸透していくにつれて、以前よりも効率的な業務が可能になり、仕事の無駄や残業が減っていくことを実感すると積極的に受け入れる者がほとんどだった。

さらには、効率化により業務に余裕ができた部分で部門の垣根を越えた人員異動も、少しずつ始められるようになった。

あるとき、さくらと山口は工場の月次棚卸の手伝いに行った。倉庫では、原材料や商品在庫に、以前はなかった色別の札が付けられ、滞留期間が一目で分かるようになっていた。在庫量全体も、明らかに以前より減っている。また、工場もレイアウトが少し変更され、材料や仕掛品、製造用具などが整然と整頓されており、最初にさくらが見たときの雑然とした雰囲気は一掃されていた。

「だいぶ変わりましたね」

さくらは矢部に話し掛けた。

「まあな。おかげで残業が減ったから、その時間で新しい菓子を研究してヒット商品を作るんだって、みんな張り切ってるよ」

「それは楽しみだな。塩餡なんてどうですか？　僕はあれが好きなんです」

山口が口を挟んだ。

「別に君の好みは聞いていないんだが……」

矢部が言うと、さくらは楽しそうに声を上げて笑った。

【第5章解説】

会計マインドが社内に浸透するとは、業務プロセスをさまざまな視点から分解して見える化し、数値として計測・管理してマネジメントすることで、各部門における業務改善、生産性向上、ひいては会社全体での業績や財務の向上を図ることです。

これは、不調の会社だけに必要なことではありません。ビジネスの環境は常に変化しているため、今は順調に成長している会社でも、今までと同じことを繰り返しているだけでは、変化への対応ができなくなり、いずれその成長が頭打ちになって業績が低下していきます。

また、白餅堂でもそうですが、長い間に定着した業務習慣のなかには、非効率なやり方が当たり前のようになっていて、疑われずに続いていることがあります。そういった部分を見直すためにも、会計マインドが役立ちます。

バランススコアカードとは

業務改善のためのマネジメント手法にはさまざまなものが考えられていますが、「バランススコアカード（BSC：Balanced Scorecard）」も、その一つです。

バランススコアカードは長い歴史を持ち、それだけで本が1冊書けるほど奥深いものですが、ここでは簡単に概要だけを説明します。

バランススコアカードでは、まず会社が目指すべきビジョンを設定します。そしてそのビジョンを実現するための戦略を、「①財務」「②顧客」「③業務プロセス」「④学習と成長」という4つの視点に分けて、会社全体の目標を各現場の活動レベルに結び付けて考えていくようにしています。

4つの視点のそれぞれに、その達成を評価するための重要業績評価指標（KPI：Key Performance Indicators）を設定し、KPIを向上させるための行動プランを策定します。そして、行動プランの実行によるKPIの変化を計測しながら、より高い成果を目指すために行動プランの見直しを随時行います。KPIを指標としながら、具体的な行動の

ＰＤＣＡを回していくのです。

「①財務」「②顧客」「③業務プロセス」「④学習と成長」の４つの視点は階層化されており、順次、①から④へ現場レベルのＫＰＩへと具体化していき、④→③→②→①とたどっていきます。全体へとつなげていくイメージです。

例えば、営業部門を対象とするならＫＰＩは、

①財務の視点では「売上高」（損益計算書）
②顧客の視点では「美しさ、品質」
③業務の視点では「スピード」
④学習と成長の視点では「研修時間数」

などとなります。
③のために④の向上を目指し、③が向上し、②が向上し、最終的に①の数字となって表れます。そしてここで終わりではなく、売上高の向上により財務内容が改善されれば、そ

れを根拠として、さらに④の質量を高めるという具合に循環していきます（もっとも④から①を目指すというのはあくまで考え方の部分であって、実際には必ずしも順を追って行動するわけではありません）。

部門の業務を計数で評価して管理しようとするとき、ややもするといきなり売上高を○%アップしようとか、費用を○%削減しようといった目標を立ててしまいがちです。しかし、それらの数字は最終的に結果として得られるものです。それを実現するためのプロセスの各要素においてＫＰＩを設定し、それを改善していくことで結果の数字が得られるということです。

業務改善のためのＫＰＩの設定例

さまざまなＫＰＩ設定と、その決算書との結び付きを考えてみましょう。会計マインドを発揮すれば、いろいろ考えられます。

製造部においては、まず原価率（売上高に対する原価）が最重要の財務的な指標になります。売上原価を引き下げるためには製造費用を引き下げるしかありません。そのためには製造部員1人当たりの生産性の向上が不可欠です。

では、生産性はどのようにして計測すればいいのでしょうか。これもいろいろな方法がありますが、例えば製造（生産）リードタイムがあります。製造リードタイムとは製品を作り始めてから完成するまでの時間です。同じ量を生産するのに、より短時間で生産できるなら生産性が高いということですので、製造リードタイムは製造部門の業務プロセスにおける重要なＫＰＩとなります。

在庫の滞留時間（日数）も製造部門におけるＫＰＩとなります。何度か出てきましたが、在庫が多いということは、キャッシュが形を変えて寝ているということです。ただ、在庫の数量を直接「何個」と数えても、それが多いのか少ないのか、評価をすることは困難です。売上が多くなれば、それに比例して在庫が多くなることが普通です。そこで、一般的には「在庫回転日数」あるいは「在庫滞留日数」が用いられます。これは簡単にいえば、倉庫に入った在庫が何日で出荷されるかということです。これが短ければ短いほど、寝ている時間が短いということになりますから、なるべく在庫滞留日数が短くなるような生産計画を立てなければなりません。

また、在庫には工程間で生じる仕掛品在庫もあります。生産リードタイムを短縮するためには、仕掛品在庫の滞留時間も短くする必要があります。逆にいうと、余分な仕掛品在庫をもたずに、必要なときに必要な分だけをもつほうがいいというわけです。この考え方を徹底的に推し進めて、後工程から見て必要なときに必要なだけ前工程の生産をするのが、トヨタ生産方式で有名な「ジャスト・イン・タイム」方式です。

なお、仕入から製造工程、そして出荷までの全工程のリードタイムをまとめて「生産リードタイム」と呼ぶこともあります。つまり、原材料在庫滞留期間＋製造期間＋製品在庫滞留期間＝生産リードタイムということです。（ただし、狭義では、製造リードタイムと同じ意味で生産リードタイムという場合もあります）。

また、リードタイムと並んで重要な指標に「歩留まり率」があります。歩留まり率とは、ミスがない製造の割合です。同じ生産リードタイムでも歩留まり率が高くなれば生産性は向上します。

いずれにしても、売上総利益に直接影響するリードタイムや在庫滞留期間、歩留まり率などは、製造工程における重要なＫＰＩとなります。

間接部門をどう評価すれば良いのか

ストーリーのなかでさくらが属していた経営管理部や、山口が属していた経理部などは、会社の業績（売上や利益）に直接結び付く業務ではないため間接部門と呼ばれます。間接部門の役割は、営業部など、売上に直接結び付く部門（直接部門）をサポートすることです。

直接部門の活動結果は、業績や財務を表す決算書にも直接的に反映されます。しかし、間接部門の場合、あくまで他部門や経営層のサポート業務が中心となるため、活動の結果が直接決算書に反映されません。直接反映されるのは、コスト（人件費＝販管費）部分のみです。そのため、投資と回収という視点から見たとき、直接役に立っていないようにも思われ、削減対象として見られがちということがあります。

もちろん、不必要な残業が発生しているなど無駄なコストがあれば、その削減を図ることは必要です。しかし、間接部門を単なる「コスト部門」とみなして削減や効率化だけを考える消極的な視点でとらえるのはもったいないことです。むしろ、どうすればより深く他部門や経営層をサポートできるのかという視点からのとらえ直しが必要でしょう。業績向上を図るために、間接部門ができることはないか、ということです。

経理部の場合であれば、それは業務を管理し向上させるために有用な会計情報を積極的に活用していくことだといえるでしょう。例えば、多くの会社で作成している「資金繰り表」もその一つです。資金管理に有用なツールを他部門でも取り入れてもらえないかと考えることが、他部門をサポートする例です。

それを作るためには、経理部だけではできず、経理部と現場との緻密な連携が必要であり、各部門と経理部との相互の協力も必要になります。「経理は経理、現場は現場」と、互いに自分たちの部門のことしか考えない態度ではこの協力は成立しません。そこで、一方では、経理部が現場の状況を把握すること、もう一方ではすべての社員が会計マインドをもつことが重要になるのです。

［エピローグ］

「『西日本経済新聞』読みましたよ。白餅堂はすごいじゃないですか」

いつものホテルのラウンジでさくらに会うなり、鈴木はそう言った。

「ありがとうございます。これもあのとき、先生にいろいろ教えていただいたおかげです」

「いやいや、あなたが頑張ったからだよ。それに、さくらさんをプロジェクトマネージャーに抜擢した森社長の慧眼のおかげかな」

鈴木はそう言うと、和栗のモンブランをスプーンですくって口に運んだ。相変わらず甘いものに目がないらしい。

「これ、良かったら召し上がってください」

そう言ってさくらは菓子折を渡した。

「おお、これが噂の『白餅くん』か、一度食べてみたかったんだよ。ありがとう」

鈴木はお世辞ではなく、本当にうれしそうだった。

「それで、先日ご連絡したとおり、今日は先生の学校のことを教えていただきたいのですが」

鈴木は、コンサルタント業のかたわら、県立の大学院で常勤講師として会計を教えていた。さくらは、学校の話を聞くために鈴木に会いに来たのだ。

さくらが奮闘した社内改革、そして中期経営計画発表から4年近くの歳月が経っていた。今年は白餅堂の創業からちょうど110年に当たる。そこで先日、白餅堂は、新中期経営計画発表会を兼ねた創業110年周年記念イベントを、このホテルの大広間で開催した。イベントは、全社員とその家族、取引先、地元財界人、マスコミなど、総勢500人以上を集めた大規模なもので、地元の『西日本経済新聞』にも、白餅堂の新中期経営計画とともに、記事として掲載された。

前回の中期経営計画発表から最初の1年間、白餅堂は不採算店の閉鎖や縮小、在庫の一掃をはじめとした財務リストラや、業務プロセス改革に取り組んだ。それによりキャッシュフローに余裕ができると、翌期からは積極的な拡大攻勢に転じ、中期経営計画で掲げていた3年間の目標数値を、見事計画どおりに達成したのだ。

それを受けた今回の新中期経営計画では、さらなる拡大および5年以内の株式公開に向けたロードマップが発表された。

国内店舗数は3年間で42店舗を数えるまでになり、5年目標のビジョンだった47都道府県進出まであと一息のところまできた。あわせて、初の海外支店として、中国の上海に出店することも決定された。上海支店の店長は第1営業部の田中である。

また、今年は新商品「白餅くん」の発売も開始した。白餡とフルーツゼリーを使った商品だ。社内の新商品公募制度に、このアイデアで応募したのは経理部の山口だった。このまったく新しい味の商品は、テスト販売でも大好評で、どら焼きに続く定番商品になることが期待されている。

『西日本経済新聞』の記事では、新中期経営計画や株式公開に向けたロードマップの話が中心だったが、上海支店や新商品のことにも触れられていた。

さくらの新たな出発

さくらは先日、次郎から社長室に呼ばれた。

「経営管理部の部長が半年後に定年退職されます。ついては、佐々木さんに次期部長をお願いしたいと考えています。大丈夫だよね」

次郎は、さくらが当然引き受けると考えていたので、気軽に話した。ところが、逡巡した末、さくらは次郎の申し出を断った。逆に、会社を退職したいと願い出たのだ。

「えっ。なんだって？」

さすがに次郎は驚いた。

「いったいどうして？　理由を聞かせてください」

「以前もお話ししましたが、私は前社長に拾っていただいたご恩を忘れたことはありません。改革プロジェクトチームのマネージャーをお引き受けしたのも、そのあとに、改革プログラムを実現するために走り回ってきたのも、前社長と白餅堂にご恩をお返ししたいと思ってきたからです。このたび、中期経営計画が達成でき、さらに上場へのロードマップが策定され、白餅堂が再成長していく基盤ができたと感じました。とりあえず、一定のご恩はお返しできたのではないかと思います。そこで、これを機に、前から自分がやりたかったことにチャレンジしてみたくなったのです」

「やりたかったこと？」

「はい。社内改革の仕事を担当するようになってから、自分なりに、会計のことや経営のことを少しずつ勉強してきました。勉強すればするほど、その面白さに気づいて、どんどんその奥深さにハマってしまったんです。それで大学院に入学して、本格的に勉強したいって前から考えていたんです」

「大学院……。研究者になりたいのですか？」

「いえ、その先のことは決めてないですし、分かりません。ただ、無性に勉強がしたくて。ずっと節約してきたおかげで学費や生活費も貯まりました。だからちょうど良い機会かな、と思って」

「そうか」

次郎はしばらく黙り込んで何かを考えていた。

（やっぱり怒ってしまったのかしら）

さくらが心配していると、何か決心したように次郎は言った。

「よし。分かりました」

そしてこう続けた。

「これまで前例はありませんが、2年間休職するのはどうですか？　休職の間、今の給料の6割を支給します。少ないですが、生活はできるでしょう」

「え、そんな……」

さくらは突然の意外な話に、混乱した。

「大学院でしっかりと会計や経営を勉強して、そしてその後、もし良かったら、また白餅堂に戻ってきてください。そして、是非とも経営参謀として、私の右腕として働いてほしいのです。もちろん、卒業後に別の道に進みたくなったら、それは佐々木さんの自由にしてください。強制はしません」

「でも、それではあまりに……」

「私と働くのは嫌ですか。白餅堂が嫌いになったのですか」

さくらからの返事はなかった。涙が溢れて、返事をすることができなかったからだ。

「よろしく頼みますよ」

差し出された次郎の右手を強く握り返すことが、そのときのさくらにできる精一杯のことだった。

新人がやってきた

翌年の5月、月次決算会議が終わり、経理部の仕事が少し落ちついていたある日の午後、山口は自分のデスクで小休止を取り、おやつの「白餅くん」を食べながら、ぼんやりと考えていた。

（さくらさんは休職しちゃうし、田中先輩は上海に行っちゃったし、なんだか寂しくなったな）

するとそこに、今年入社して第1営業部に配属になったばかりの新人がやってきた。

「山口さん、この資料の集計の仕方が分からないので、教えていただけませんか。うちの先輩に聞いたら山口さんに教えてもらったほうが、分かりやすく説明してくれるって」

「分かりました。ちょっと見せてください。ああ、これはですね……」

新人への説明に夢中になる山口から、さっきまでの寂しい気分はすっかり消えていた。

おわりに

本書では、2つの視点からメッセージをお伝えしました。

一つは、会計マインドを身につけることで、ビジネスパーソンとして成長し、自分の力でキャリアを切り拓く可能性が広がるという、パーソナルな視点です。それは、ストーリーの主人公であるさくら個人の成長によって表されています。

もう一つは、会社に会計マインドが浸透し数字を通じたコミュニケーションが日常化することで、共通目標に向けた会社の一体感が高まり、会社が強くなっていくというパブリックな視点です。これは、一時期は停滞状況だった白餅堂という会社が、再成長の軌道に乗るというストーリーによって表されています。

「作った話ならなんとでも書けるだろう」と思われるかもしれませんが、私が長年コンサルティングに関与してきた多くの会社を見ても、この両面での変化は決して珍しいものではありません。

本文の解説部分では、業務の現場での事象と、会計（決算書）の数字を相互に結び付けて考えられるようになることが会計マインドだという説明を重ねてきました。

この相互の方向は、ボトムアップの考え方とトップダウンの考え方と言い換えることもできます。現場の事象から会社全体の数字を考えられるようになるのはボトムアップです。逆に、決算書に表れた数字から現場の事象を考えようとする方向は、トップダウンの考え方です。

経営者も社員も、会社に関わる全員がこの両方向の考え方をもち、数字によってコミュニケーションができている会社であれば、社内の一体感が醸成されたり業績がアップしていったりしないほうが、むしろ不自然だといえます。

また、そういった全体の動きのなかにいる社員の個々人が、ビジネスパーソンとして成長していかないことのほうが考えにくい事態でしょう。

とはいえ、会計マインドは魔法の杖ではありませんから、それを学んだだけで劇的に何かが変わるとか、経営危機だった会社がいきなりV字回復をするといったことはあり得ません。会計マインドでは会社にも個人にも、大きくメスを入れる外科手術のようなことはできないのです。例えるなら、漢方薬のように体質を強くして病気にかかりにくくするのがその効能だといえるでしょう。

しかし会計マインドによって個人も会社も体質が強化されれば、できることの幅が広がり将来の選択肢が増えていくはずです。簡単に手に入るものは失われるのも早いものです。たゆまずに地道な努力を続けていくことが、最終的には成果に結び付きます。

ところで、本書のストーリーでは、たまたま外部から社長が入り、社歴の浅いさくらが社内を見て回ることで、二人がフラットな視点でゼロベースから会社の問題点をあぶり出したため、会社を改革することに成功しました。しかし、実際の会社で、社内の人材だけでフラットな視線から会社の問題点をあぶり出したり、改革を進めたりすることは難しいのが現実です。

だからこそ、私たちのような外部の人間が会社に入り、客観的な視点から会社の歴史や文化、長所や短所をチェックし、それに基づいて改革を進めることは、多くの場合にとても有効な手法となります。その意味で、本書のストーリーは一般のビジネスパーソンに向けた「会計マインド入門」ではありますが、同時に、経営者層の方にとっては「社内改革入門」としても読んでいただける内容になっているのではないかと考えます。

いずれにしても、この拙い一冊が、皆さまのビジネス人生に少しでも資するところがあったとしたら、著者としてはこれに勝る喜びはありません。最後までお読みいただき、ありがとうございました。

加藤　弘之（かとう　ひろゆき）
公認会計士・税理士
1956年生まれ。関西学院大学卒業後、税理士事務所に勤務。その後、公認会計士資格を取得、大手監査法人にて会計監査や株式公開準備業務などに従事する。会計と監査（＝研修／内部統制の整備）を通じて中小企業の経営の磨き・継承（ステージアップ）に貢献していきたいという思いから、2006年に独立しエクジット株式会社を設立。2012年税理士法人エクジット代表就任。
前著『中小企業のための「超経理」』（幻冬舎メディアコンサルティング）

本書についての
ご意見・ご感想はコチラ

ストーリーで分かる
会計マインド入門

二〇二〇年一一月二五日　第一刷発行

著　者　加藤弘之
発行人　久保田貴幸
発行元　株式会社　幻冬舎メディアコンサルティング
〒一五一-〇〇五一　東京都渋谷区千駄ヶ谷四-九-七
電話　〇三-五四一一-六四四〇（編集）
発売元　株式会社　幻冬舎
〒一五一-〇〇五一　東京都渋谷区千駄ヶ谷四-九-七
電話　〇三-五四一一-六二二二（営業）
印刷・製本　シナノ書籍印刷株式会社
装　丁　弓田和則

検印廃止

Printed in Japan　ISBN 978-4-344-93080-3　C0034
幻冬舎メディアコンサルティングＨＰ　http://www.gentosha-mc.com/